Tea Tree.

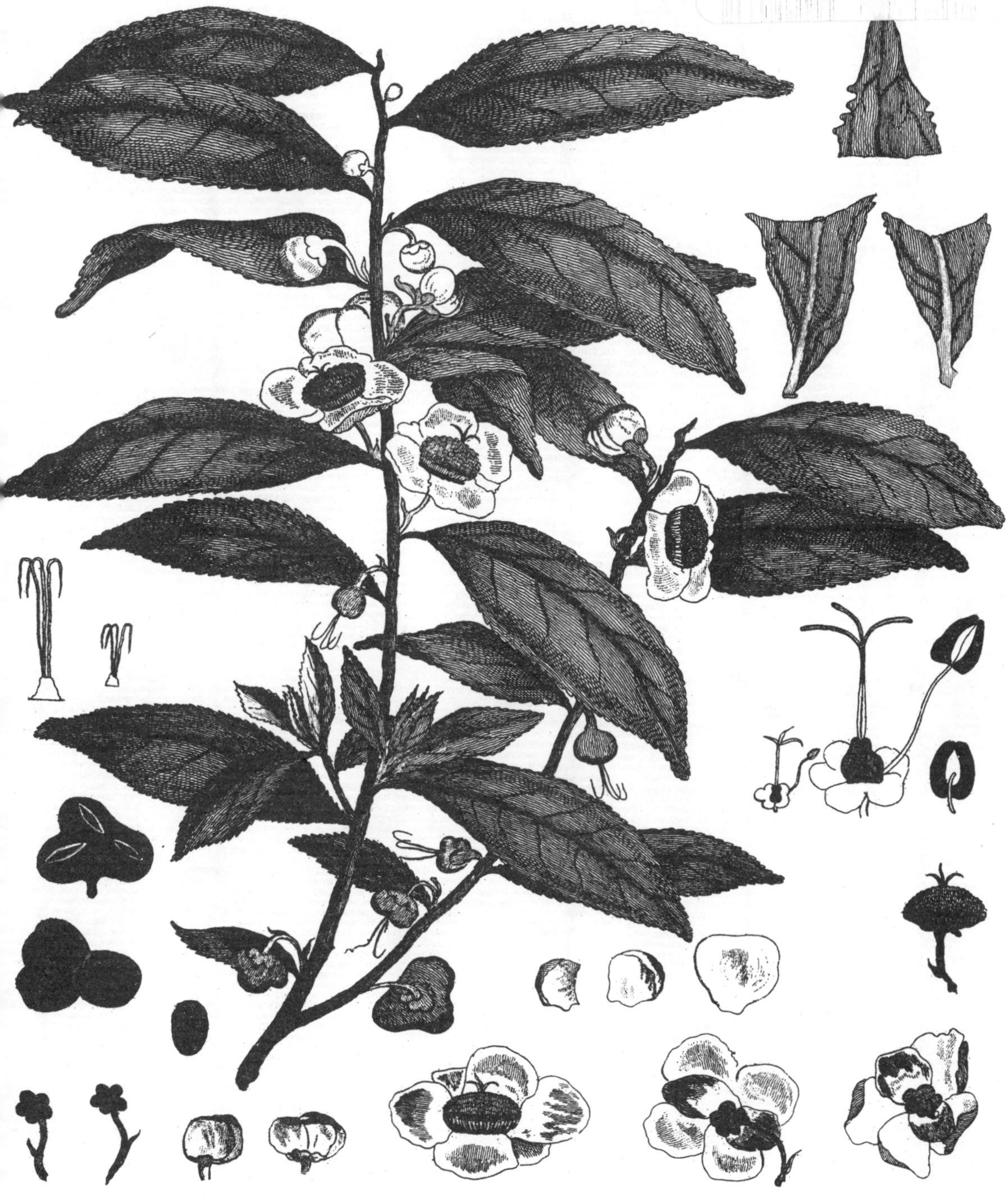

Johann Haddinga   DAS BUCH VOM OSTFRIESISCHEN TEE

JOHANN HADDINGA

Das Buch vom ostfriesischen Tee

VERLAG SCHUSTER LEER

BIOGRAPHISCHE NOTIZ
Johann Haddinga, * 26. 11. 1934 Norden/Ostfriesland, Gymnasium in Norden, 1955 Abitur, Volontär und Redakteur der Ostfriesen-Zeitung, Leer, heute stellvertretender Chefredakteur der Nordsee-Zeitung, Bremerhaven.

BIBLIOGRAPHIE
„Über die Ostfriesen". Mit Zeichnungen von Willy Menz.
1. Aufl. Bremerhaven und Wilhelmshaven 1974. 2. erw. Aufl. 1976, Nordwestdeutscher Verlag Ditzen & Co., Bremerhaven. Zahlreiche Veröffentlichungen in Zeitungen, Zeitschriften. Freie Mitarbeit bei Radio Bremen.

ISBN 3-7963-0116-9
1. Auflage 1977
Alle Rechte der Verbreitung und des öffentlichen Vortrags, auch durch Funk, Fernsehen, fotomechanische Wiedergabe, Tonträger jeder Art und teilweisen Abdruck, vorbehalten.
© 1977 by Verlag SCHUSTER D 2950 Leer
Umschlagfotos: Friedrich Paulsen, Hage
Vorsatzpapier: Teepflanze. Kupferstich 1796
Schrift: Garamond 10/11 Punkt
Papier: 120 g matt satiniert Offset der Papierfabrik Scheufelen Oberlenningen
(Die Rechtschreibung der niederdeutschen Texte entspricht der Fassung der einzelnen Autoren.)
Gesamtherstellung: H. M. Hauschild GmbH Bremen
Printed in Germany

Inhalt

- 7 Statt eines Vorwortes
- 9 Von Teedurst und Teenot
- 21 So kamen die Ostfriesen zum Tee
- 35 Der Teekrieg des Alten Fritz
- 41 Teeschmuggel
- 45 Tee-Debatte im Reichstag
- 47 Warum trinken die Ostfriesen Tee?
- 51 Die ostfriesische Teestunde
- 66 Kaffee im Teetrinkerland
- 69 Vom „Teegood" zum „Kluntjeknieper"
- 80 Teegebäck und Backrezepte
- 84 Ostfriesische Tee-Anthologie
- 93 Tee-Döntjes
- 108 Tee, Kandis, Sahne und Gebäck im Volksmund
- 117 Vom Teestrauch zur „Ostfriesischen Mischung"
- 131 Die ostfriesischen Teestädte
- 138 Ostfriesland und die Teekultur
- 149 Tee ist Medizin
- 155 Ostfriesische „Tee-ologie"
- 160 Bilderläuterungen und -nachweis
- 164 Literatur- und Quellenverzeichnis
- 171 Dank für Mitarbeit
- 173 Register

Statt eines Vorwortes

„'n lecker Koppke Tee" nach Ostfriesenart

Pro Person einen Teelöffel Tee in die vorher heiß ausgespülte Kanne geben.
Frisches, sprudelnd kochendes Wasser aufgießen, bis die Blätter gut bedeckt sind. Den Aufguß — auf einem Stövchen oder Wasserkessel — höchstens fünf Minuten ziehen lassen. Dann soviel Wasser nachgießen, wie man Tassen bereiten will.
Zwei Stückchen oder ein größeres Stück Kandis in die — möglichst kleine — Tasse legen und den heißen Tee darübergießen. Mit einem flachen Löffel reine Sahne ringförmig auf den „Teespiegel" legen, so daß ein „Wölkchen" entsteht.
Genießer rühren Tee nicht um, sondern trinken ihn „stufenweise" — erst das reine Tee-Aroma, dann die vollmundige Harmonie von Tee und Sahne und zum Schluß die Süße des geschmolzenen Kandisberges.
(Mehr darüber im Kapitel
„Die ostfriesische Teestunde".)

Von Teedurst und Teenot

Am 27. August 1939, einem Sonntag, stellten die Behörden des Dritten Reiches die deutsche Zivilbevölkerung vor vollendete Tatsachen. In einer lange vorbereiteten, aber streng geheimgehaltenen Blitzaktion zogen Beamte, Angestellte und amtlich beauftragte Helfer in den Städten und Dörfern von Haus zu Haus. Sie verteilten Bezugscheine für wichtige Versorgungsgüter und Zuteilungsmarken für Lebens- und Genußmittel wie Tee und Kaffee. Für die Empfänger der Papiere, auf die sie von nun an fast zehn Jahre lang angewiesen sein sollten, konnte es keinen Zweifel mehr geben: Der Ausbruch des zweiten Weltkrieges stand kurz bevor. Sechs Tage später marschierte die Wehrmacht in Polen ein.
Noch am Sonntag klopften im nordwestlichen Landesteil des damaligen Gaues Weser-Ems, im Regierungsbezirk Aurich, viele Ostfriesen an die Hintertüren der geschlossenen Kolonialwarenläden. In einigen angrenzenden Gebieten des Emslandes und Oldenburgs bot sich ein ähnliches Bild. Die meisten Bittsteller hatten nur einen Wunsch: Tee.
Unter guten Nachbarn und Geschäftsleuten glückte der Versuch, sich noch vor der staatlich verfügten Einschränkung mit dem begehrten Rohstoff für das ostfriesische „Nationalgetränk" einzudecken. Kurze Zeit nach der Markenverteilung war es auch damit vorbei. Den Einzelhändlern wurde der Verkauf von unrationiertem Schwarztee strikt untersagt.
Der Teekonsum unterlag strengen Bestimmungen: Pro Monat gab es auf Teekarten zunächst nur zwanzig Gramm. Der „Ostfriesische Kurier" in Norden bemerkte dazu, daß diese geringfügige Menge vermutlich nach dem Reichsdurchschnitt des Teeverbrauchs bemessen worden sei. In einem zaghaft verfaßten Kommentar äußerte das Blatt die Erwartung, daß es den Behörden gelingen werde, für Ostfriesland einen „gewissen Ausgleich herbeizuführen". Immerhin müsse man bedenken, daß die Ostfriesen „im Normalzustand nicht den Kaffee in Anspruch nehmen, der uns aufgrund der Bezugscheine zusteht". Später wurde die monatliche Zuteilung zunächst auf 40 Gramm erhöht und pendelte sich im Laufe der Kriegsjahre dann auf 30 Gramm ein — jedoch nur für „Bezugsberechtigte", die das 35. Lebensjahr vollendet hatten.
Die Ostfriesen und die Bürger einiger Nachbarbereiche (Wilhelmshaven, die Landkreise Ammerland, Friesland, Aschendorf-Hümmling und das Saterland bis Friesoythe) durften noch nicht einmal klagen. Als Bewohner eines behördlich festgelegten „Teetrinkerbezirks" befanden sie sich im „Ausnahmezustand". Nur die Hansestädte hatten zeitweise dasselbe Vorrecht. In allen anderen Teilen des Deutschen Reiches

galten Tee und Kaffee als „entbehrliche Genußmittel", die es zu Beginn des Krieges nur als „einmalige Sonderzuteilungen" in geringfügigen Mengen gab.

Die Gründe für die von der Propaganda immer wieder betonte „weise Voraussicht" der damaligen Regierung, den Ostfriesen wenigstens eine ständige Mini-Ration zuzugestehen, liegen auf der Hand: Man wußte sehr wohl, daß Teetrinken im Küstenland zwischen Ems und Jade der Inbegriff von Zufriedenheit und Entspannung, von Gemütlichkeit und Gastlichkeit ist. Die rund 300 Jahre alte Tradition mit all ihren volkskundlich bemerkenswerten, eigentümlichen Gepflogenheiten war ein Faktor, den man nicht übersehen konnte, wenn man die Ostfriesen — ob Einheimische oder Zugereiste — während der Kriegsjahre einigermaßen bei Laune halten wollte. Vor allem der älteren Generation mochten offensichtlich selbst hartgesottene NS-Bürokraten einen totalen Entzug nicht zumuten. Und so schlug sich denn mancher Landrat oder Kreisleiter selbstgefällig an die Brust, wenn er von Zeit zu Zeit hochbetagten Landsleuten eine besondere Gunst in Form einer Sonderzuteilung von 250 Gramm erweisen konnte. „Selbst im fünften Kriegsjahr erhalten unsere Ältesten, die Mütterchen und Opas über 90, zu ihren Wiegenfesten als erfreulichstes Geburtstagsgeschenk ein halb' Pfund Tee. Dankbar verzeichnen wir's", lobte eine lokale Parteizeitung Anfang 1944.

Natürlich wußten die Ostfriesen nicht, daß auch Hitler ihr Nationalgetränk und seine Zubereitung kannte. „Bei Erkältungswetter tat Hitler sich Cognac in den Tee. Regelmäßig nahm er nach gekochten Mahlzeiten einen deutschen Magenbitter als Magen- und Darmelixier. Kaffee trank Hitler nur, wenn er mußte. Meist trank er schwachen Tee mit Zitrone. War er in festlicher Stimmung, trank er auch wohl den kräftigen ostfriesischen Tee mit weißem Kandis-Zucker und frischer Sahne, zubereitet auf einem Stövchen..." (Henry Picker: „Hitlers Tischgespräche im Führerhauptquartier". Picker war von 1943 bis 1945 Landrat in Norden und davor Oberregierungsrat im Führerhauptquartier.)

Vor Kriegsausbruch lag der ostfriesische Teekonsum bei sieben Pfund pro Kopf und Jahr; nun mußte der erwachsene Normalverbraucher die vier langen Wochen einer Zuteilungsperiode mit kümmerlichen 30 Gramm auskommen. Die Menge reichte gerade aus, sich wenigstens an den Wochenenden ein zünftiges „Koppke" zu gönnen oder alle paar Tage einen faden Aufguß zu schlürfen. Die Durchhalteparole, daß man nach dem „Endsieg" wieder aus dem Vollen schöpfen werde, und die immer wieder zitierte „vorsorgliche Wirtschaft" der Ernährungsämter war weniger als ein schwacher Trost.

Die straff organisierte Teeverteilung ließ kaum Lücken, sich unter der Hand mit dem „schwarzen Hausfreund" zu versorgen. Gleich nach Kriegsausbruch begannen die Behörden, die bei den großen Importfirmen lagernden Bestände, ob verzollt oder nicht, zu beschlagnahmen. Der Vorrat mußte größtenteils an die Heeresdienststellen abgeliefert werden. Die Einzelhändler und mehrere Großhändler wurden aufgefordert, ihre Reserven an drei von den Behörden eingerichtete Teeverteilungsstellen abzugeben: an die Firmen Behrends (Norden), Bünting (Leer) und Niehus (Wilhelmshaven). Aus den abgelieferten Beständen stellten die zentralen Verteiler eine „Einheitsmischung" her. Die Menge, die den Einzelhändlern zugestanden wurde, entsprach der Anzahl von Teemarken, die der geplagte Ladeninhaber von den Kunden einsammelte und an die Großverteiler ablieferte.

Mit der Zeit stellte sich heraus, daß das System zu aufwendig und unübersichtlich war. Es gab Unstimmigkeiten und Ärger, weil in einigen Geschäften Tee abhanden kam. Die Behörden waren unerbittlich und verhängten Strafen. Anfang 1941 erhielten die Verbraucher neu herausgegebene Teekarten mit Bestell- und Abgabenummern. Anhand der Bestellnummern gaben die Ernährungsämter den Kaufleuten Bezugscheine, die von allen Teegroßhändlern angenommen wurden. Die Grossisten bezogen ihren Bedarf von der übergeordneten Mischstelle. Alle Verteilungen, Verkaufspreise, Kalkulationen und Geschäftsvorgänge überwachte das Landesernährungsamt Weser-Ems in Oldenburg nach den Richtlinien des „Oldenburger Teeverteilungsschlüssels", der auch in den ersten Nachkriegsjahren galt. Dennoch gab es in Ostfriesland schon während der Kriegsjahre einen „schwarzen Markt". Die Quellen blieben jedoch im Dunkeln. Zu den Lieferanten zählten vermutlich Geschäftsleute mit Beziehungen, die es trotz aller Schwierigkeiten schafften, sich eine Reserve anzulegen. Aber auch Teekarteninhaber, die sich mit Kaffee-Ersatz zufriedengaben und ihre Tee-Ration tauschten, oder Soldaten, die aus besetzten Gebieten gelegentlich Nachschub schickten, haben in den bitteren Jahren manchem leidenschaftlichen Teetrinker zwischen Ems und Jade aus der Verlegenheit geholfen.

Wegen fehlender Importe aus dem Ausland mußten sich vor allem die Werbefachleute und Einkäufer der alteingesessenen Handelshäuser in den traditionellen Teestädten Leer, Norden und Emden — sofern sie nicht zur Wehrmacht eingezogen wurden — ein anderes Betätigungsfeld suchen. In den ersten Monaten nach Kriegsbeginn gab es noch vereinzelt Reklame für das „Nationalgetränk", sehr zeitgemäß und den Verhältnissen angepaßt. Eine Markenfirma ließ Mitte 1940 eine Anzeige in den „Ostfriesischen Kurier" einrücken: „Ein Trost, ein Glück, daß man im Leben das wahrhaft Gute nicht vergißt, einst wird's auch wieder ... geben, den Tee, den jeder sehr vermißt!" Mehr als Zuspruch wollte dagegen der Einkäufer eines anderen ostfriesischen Unternehmens seinen Landsleuten geben. Ihn interessierten die sogenannten Teetabletten, die für eine Mark pro Stück im Handel waren. Sie stammten, soweit der Fachmann feststellen konnte, aus niederländischen Erfinderlabors und hatten nur dem Namen nach etwas mit Tee gemeinsam. Die in Wasser löslichen Tabletten bestanden aus einer bräunlich färbenden Masse, teeähnlichen Aromastoffen und Puderzucker als Bindemittel. Dennoch kauften viele Ostfriesen den unergiebigen,

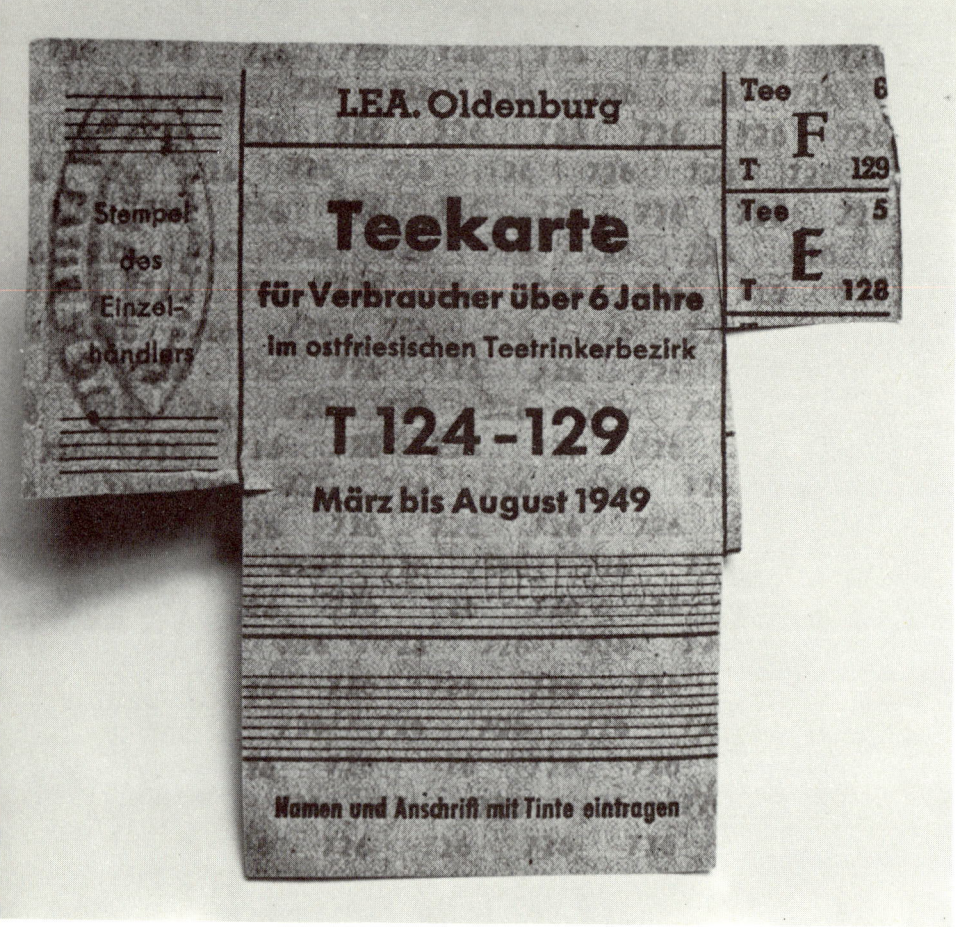

1 Teekarte mit zwei unbenutzten Abschnitten

dürftigen Ersatz, um wenigstens die vorgeschriebene Monatsration zu verlängern. Der deutsche Einkäufer bemühte sich vergeblich, den Holländern das Rezept für eine eigene Produktion des Wundermittels zu entlocken. Sie gaben ihr Geheimnis nicht preis. Fehl schlugen auch Versuche eines ostfriesischen Betriebes, aus Salz und Aromastoffen einen künstlichen Teetrunk zu brauen.

Binnenländische Hersteller von Ersatzstoffen mit wohlklingenden Namen wollten den Ostfriesen den Aufguß von „Austauschgetränken" schmackhaft machen. Bis kurz vor Kriegsende priesen sie in Lokalzeitungen Produkte wie „Teeka-Fix — den Fruchttee im Aufgußbeutel" oder „Teeka" und „Holunda" als „zeitgemäßen Ersatz" an. Unter Werbesprüche für Kräutertees setzten sie die Parole: „Nie mehr Wasser kochen als für den Tee gebraucht wird, denn wir alle müssen

Kohlen, Gas und Strom sparen." In einer amtlichen Bekanntmachung vom September 1944 wurden Ostfrieslands Lehrer und Schüler aufgefordert, zur Deckung des steigenden Bedarfs an Tee-Ersatz die Sammlung von Brombeerblättern und Kamille zu verstärken.

Die Erkenntnis, daß echter Tee für die meisten Ostfriesen geradezu lebensnotwendig ist, bewog die Behörden auf dem Höhepunkt des Krieges, für die leidgeprüfte Bevölkerung von Emden die Bestimmungen zu lockern. Nach dem Bombenangriff, der am 6. September 1944 nahezu das gesamte Zentrum und das historische Rathaus der Seehafenstadt in Schutt und Asche legte, ordneten sie eine Extra-Ration für alle über 18 Jahre alten Verbraucher an. Das Deutsche Rote Kreuz betreute eine Teeküche, in der sich ausgebombte, alleinstehende Altbürger stärken durften — so verkündete es jedenfalls die „Ostfriesische Tageszeitung".

Als britische und kanadische Truppen im April 1945 auf ostfriesischem Gebiet in Richtung Küste vorrückten, gaben die deutschen Stellen begrenzte Lebens- und Genußmittelvorräte für Sonderzuteilungen frei. Wer sparsam wirtschaftete, kam wenigstens mit einer gefüllten Teedose über die Kapitulation hinweg. Danach jedoch erreichte die „Teenot" in Ostfriesland erst ihren Höhepunkt. Zeitweise gab es offiziell keinen

---

Für die Sonderzuteilung von Tee

in dem Regierungsbezirk Aurich, der Stadt Wilhelmshaven, dem Landkreis Friesland, den früheren Aemtern Westerstede und Friesoythe und dem Altkreis Aschendorf einschließlich der Gemeinden Bockhorst, Esterwegen, Surwold und Börger für die Versorgungsberechtigten vom vollendeten 35. Lebensjahr an wird für die Zeit vom

21. Oktober bis 17. November wiederum eine Menge von **40 g Tee auf Abschnitt 13 der besonderen Teekarte**

aufgerufen. Der Preis für den durch die Teeverteilungsstellen über den Einzelhandel verausgabten Tee beträgt wiederum 37 Pfennig für 40 g.

Die Teekarte gilt nur für den angegebenen Bezirk. Ich weise nochmals darauf hin, daß die Ausgabe von Tee durch die Kleinverteiler (Einzelhändler) vor dem in den jeweiligen Aufrufen festgelegten Termin verboten ist. Zuwiderhandlungen sind strafbar.

Leer, den 15. Oktober 1940.

Ernährungsamt des Kreises Leer, Abt. B.

Tee. Sehr zögernd nur stabilisierte sich die Versorgung; die Behörden führten die Teekarte wieder ein. „Ein Glück, wir haben wieder Tee erhalten, obwohl in der Zeitung stand, daß es keinen mehr geben wird. Seit ein paar Monaten geht das nun so", schrieb am 1. Februar 1947 ein 13jähriger Junge in einer ostfriesischen Kleinstadt mit kindlicher Handschrift in sein Schülertagebuch.

In den wilden Nachkriegsjahren blieb den meisten Ostfriesen nichts anderes übrig, als sich heimlich mit der Mangelware zu versorgen. Ihre Wege führten zu gerissenen Schwarzhändlern, die allen Razzien und Hausdurchsuchungen zum Trotz einem festen Kreis von Eingeweihten spärliche Mengen zu teils gepfefferten Preisen verkauften. Die geschäftstüchtigen Dunkelmänner gab es in jeder Stadt und in nahezu jedem größeren Dorf.

Gerüchte, nach denen die Ostfriesen ihr Hab und Gut für einige Blättchen Tee hergaben, machten in den westlichen Besatzungszonen die Runde. Heerscharen von Hamsterfahrern aus dem Rhein-Ruhr-Gebiet rollten in überfüllten Eisenbahnzügen, auf Trittbrettern und Dächern der Waggons gen Ostfriesland — mit Teeportionen im Tauschwarengepäck. Sie handelten vor allem Butter, Fett, Speck, Fleisch und Wurst, aber auch Textilien und tragbares Mobiliar ein. Die Landbevölkerung erwartete sie sehnsüchtig. Als „Teewiefkes" galten westfälische Bergarbeiterfrauen, deren Männer für die schwere Arbeit unter Tage Tee-Sonderrationen erhielten. Aus zufälligen Bekanntschaften entwickelten sich zuweilen feste Verbindungen und Freundschaften. Üble Erfahrungen machten manche Bauern dagegen mit reisenden Trickbetrügern. Die Gauner schwatzten ihnen raffiniert verpackte Tüten auf, die in der oberen Hälfte Teekrümel und in der unteren abgekochte Blätter enthielten.

Auf dem Höhepunkt der Hamster- und Schwarzmarktzeit kostete ein viertel Pfund Tee etwa 150 Mark und hatte einen Tauschwert von einem Pfund Fett oder Butter. Der höchste Wucherpreis betrug 1500 Reichsmark pro Pfund. Andere „Richtpreise" hatten dagegen leichte Mädchen, die als Lohn für ihre Liebesdienste von Besatzungssoldaten Tee oder Schokolade nahmen. Eine Prostituierte in einer ostfriesischen Stadt konnte es sich leisten, Verwandte und Freunde einmal wöchentlich zu einer gutbürgerlichen Teestunde nach Landessitte einzuladen. So großzügig waren gelegentlich auch Landesbewohner, die von Amerika-Ostfriesen in Geschenksendungen ein halbes Pfund unverzollten Tee erhielten.

Die Schwarzhändler in Ostfriesland waren die letzten Glieder einer langen, gut organisierten Kette, die im Ausland begann. Soweit sich das heute rekonstruieren läßt, war München der Hauptumschlagsplatz für illegal eingeführten Tee. Auch über eine Firma im Schwarzwald sollen erhebliche Mengen nach Deutschland eingeschleust worden sein. Das steigerte sich, als 1949 die Bewirtschaftung aufgehoben, zugleich jedoch die extrem hohe Teesteuer zwischen 15 und 19,48 DM je Kilo eingeführt wurde.

3 Schwenk-Teesieb. Messing um 1930

Kein Wunder, daß der Schleichhandel weiter blühte und teilweise erstaunlich gute Qualitäten lieferte. Schmuggler brachten bei Nacht und Nebel Nachschub aus dem Aachener Raum und über die grüne Grenze (die „schwarze Teelinie") von Holland nach Ostfriesland.
Die Gerichte verhängten empfindliche Strafen. So mußte im Dezember 1949 ein Hausierer aus Völlenerfehn mit vier Monaten Gefängnis und über 4000 Mark Wertersatz dafür büßen, daß er 308 Pfund Tee über die holländische Grenze ins Land geschmuggelt und weiterverkauft hatte. Im Zusammenhang mit einem Schmuggelprozeß gegen 15 Angeklagte in Emden berichteten die Tageszeitungen, daß seit der Kapitulation ungezählte Tonnen Tee, Kaffee und Kakao über den Emder Hafen schwarz eingeschleust und mit wertvollen deutschen Waren bezahlt worden seien. Schwere Vorwürfe erhob die Staatsanwaltschaft im März 1950 gegen einen Mann aus dem Kreis Aurich, der niederländischen Tee in einem Personenwagen mit doppeltem Boden eingeführt hatte: „Der Angeklagte handelte verbrecherisch, schädigte viele Teefirmen um zwei Drittel in ihrem Umsatz und vermehrte die Arbeitslosigkeit." Er erhielt ein Jahr Gefängnis. Zur gleichen Zeit standen einige ostfriesische Geschäftsleute vor Gericht. Sie hatten neben dem „normal" vom Großhändler bezogenen Tee Ware aus „schwarzen" Quellen über den Ladentisch verkauft und für beide Sorten gleich hohe Preise verlangt.
Auf eine ausgefallene Idee kamen im Januar 1951 einige Bewohner

von Moordorf. Sie kauften Packungen bekannter Markenfirmen auf, entfernten den Inhalt und füllten sie mit abgekochten Blättern. Mit den Fälschungen erschienen sie beim Kaufmann, beklagten sich über das angebliche Mindergewicht der echten Ware und verlangten Ersatz. Zahlreiche Kaufleute fielen auf den raffinierten Trick herein, nahmen die Packungen zurück, verkauften sie jedoch wieder an andere Kunden. So kam die „Moordorfer Mischung" auf legalem Wege in den Handel; die Polizei verfolgte später ihre Spuren bis nach Aurich und Norden.

Anfang der fünfziger Jahre stellte die Gemeinde Ihrhove in einer Eingabe an die Auricher Bezirksregierung fest, daß sie jährlich 100 000 Mark Teesteuern aufbringe. Wenn der Staat das Geld zurückgebe, könne sich die Gemeinde dafür alle zwei Jahre den Bau einer sechsklassigen Schule leisten. Die Schulverhältnisse in Ihrhove seien an Primitivität nicht mehr zu überbieten.

Am 14. Dezember 1952 fiel deutschen Grenzzollbeamten in Bunderneuland eine Frauengruppe auf, die zu einer aus Groningen zurückkehrenden ostfriesischen Reisegesellschaft gehörte. Die Damen gingen unbeholfen und sahen merkwürdig „gepolstert" aus. Bei einer Kontrolle holten die Beamten aus umgenähten Unterröcken eineinhalb Zentner Tee hervor.

Vor diesem Hintergrund hatte es die Teewirtschaft schwer, ihre frühere Position zurückzuerobern, obwohl sie rund vier Jahre nach Kriegsende bereits über einigermaßen ausreichende Teemengen verfügte. Mitte 1949 erschienen in den Lokalzeitungen wieder Werbeanzeigen, und auf der ersten Regionalmesse nach 1945, der Ostfrieslandschau in Leer, richteten die beiden größten ostfriesischen Markenfirmen im September 1949 eine „Teestube" für durstige Besucher ein. Doch solange die Schwarzmarkt-Preise günstiger lagen, konnte der reguläre Handel mit seiner hochversteuerten Ware nicht mithalten. Der Ruf nach einer Steuersenkung wurde immer lauter.

Im Sommer 1953 normalisierte sich die Lage. Am 3. Juli beschloß der Bundestag die Herabsetzung der Tee- und Kaffeesteuer auf drei Mark pro Kilo; zwei Wochen darauf gab auch der Bundesrat grünes Licht.

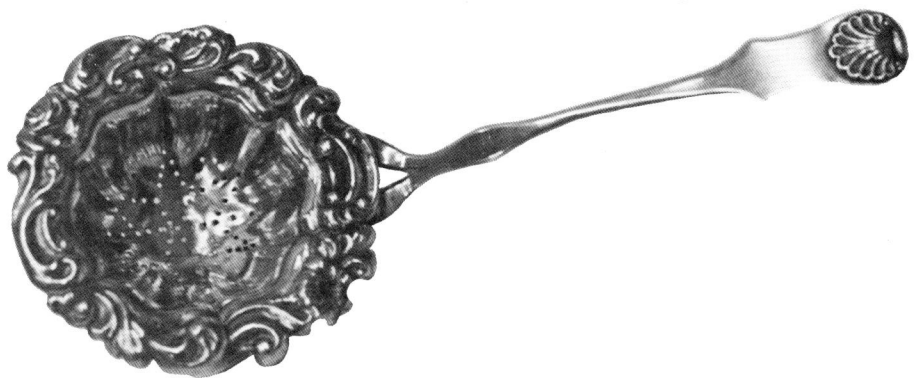

4   Teesieb. Silber   um 1850

5   Das war ein großes Ereignis für die Teestadt Leer und für Ostfriesland, als die erste Teelieferung nach dem Kriege im Jahre 1949 vor dem Stammhaus der Fa. J. Bünting & Comp. eintraf

Am 24. August, einem Montag, trat die Verbilligung in Kraft. Die ostfriesischen Einzelhändler und Spezialgeschäfte verzeichneten eine große Nachfrage. Der „schwarze" Markt brach über Nacht zusammen. In einem beinahe dreijährigen Streit zwischen Regierung und Parlament zeigte sich der damalige Bundesfinanzminister Schäffer als einer der hartnäckigsten Gegner der Steuersenkung. Er warnte beharrlich vor einem Steuerausfall von 250 Millionen Mark pro Jahr, der selbst durch einen erhöhten Konsum nicht ausgeglichen werden könne. Nur widerwillig fügte er sich der Parlamentsmehrheit.
Für den damaligen SPD-Abgeordneten Georg Peters aus Norden, der sich im Bundestag und im Finanzausschuß unverdrossen für die ostfriesischen Tee-Interessen eingesetzt hatte, kam der Erfolg nicht ungelegen. Er profilierte sich für den Bundestagswahlkampf im Spätsommer 1953. Seine politischen Gegenspieler hielten ihm vor, daß er nicht mit Speck, sondern mit Tee in Ostfriesland Stimmenfang betreibe. Ob die unbestrittenen Verdienste des Abgeordneten das Resultat mit beeinflußt haben, mag dahingestellt bleiben — auf jeden Fall errang

> Mit dem heutigen Tage ist der **Zoll auf Tee** von **50 Pfg.** auf **12½ Pfg.** pro Pfund herabgesetzt, und ermäßigen wir **infolgedessen** die Preise unserer sämtlichen Teesorten um **40 Pfg.** pro Pfund.
>
> Leer, den 1. März 1906.
>
> Ad. C. Onkes,
> J. H. Duhm,
> F. de Boer,
> J. G. Ukena,
> S. Wreesmann Ww.,
> Eggo Tamling,
> L. Schürmann,
> Diedr. Sanen,
>
> Gerh. Begemann,
> Emil Behrens,
> Jac. Hörmann,
> H. van Eschen,
> W. Lehmann,
> Gerhd. v. Nuhs Nachf.,
> Georg Tjarks,
> H. C. Begemann Nachf.

6 Anzeige über eine Zoll- und Preissenkung. 1906

Peters in seinem Wahlkreis Aurich—Emden—Norden das Direktmandat. Der Normalverbraucher störte sich weniger am politischen Beigeschmack. Er konnte sich endlich ein Koppke mehr am Tag leisten, das war die Hauptsache. „Für uns Ostfriesen bedeutet das mehr, als man außerhalb unserer Grenzen zu ahnen vermag. Jetzt trinken wir unser Nationalgeträink noch mal so gern", schrieb ein Chronist in einem Rückblick am Ende dieses denkwürdigen Jahres.

Viele, vor allem ältere Ostfriesen erlebten während des Dritten Reiches und in der Zeit danach die „Teenot" schon zum zweiten Male. Aus den letzten beiden Jahren des ersten Weltkrieges waren ihnen Bezugsmarken, Schwarzhändler, Hamsterer und „Teewiefkes", die für ein Pfund Tee zwei Kilo Butter forderten, vertraute Begriffe.

Nachdem die deutsche Regierung 1909 den Zollsatz für Tee fast verdoppelt und Firmen und Verbrauchern den Einkauf ohnehin schon schwer gemacht hatte, brach die Versorgung auf dem Höhepunkt des Krieges wegen fehlender Importe fast zusammen. Ende 1917 gingen die letzten Restbestände zur Neige. Vorbei waren die Zeiten, als reiche ostfriesische Hofbesitzer in ihren Speisekammern Teekisten mit 20 Pfund Inhalt und die entsprechende Menge Kandis stehen hatten. „Unsere Alten sind halb krank, seit sie ihren Tee entbehren müssen,

mancher würde aufs Brot verzichten, wenn er dafür den gewohnten Tee haben könnte", schrieb eine Einwohnerin aus Reepsholt in einem zeitgenössischen Bericht. „Alle Maienblüten, alle Lenztränke sind durchprobiert — schaudernd schieben sie die Tassen zurück. Kaffee-Ersatz ja, aber Tee-Ersatz?"
Das Klagelied hochbetagter Landesbewohner gipfelte in der weitverbreiteten Ansicht: „Wenn wi keen Tee hebben, mutten wi starben!" Um so größer war der Teedurst, als die Importeure auf dem Weltmarkt Anfang 1919 wieder frei einkaufen konnten. Geschäftemacher im In- und Ausland nutzten die Lage und führten wahllos alle verfügbaren Sorten in die Republik ein, vor allem alte Weltmarkt-Reserven minderwertigster Güte. Lange dauerte der Boom der billigen Ware nicht, denn der deutsche Verbraucher verlangte nach den entbehrungsreichen Jahren wieder erstklassige Qualität. Selbst der vor dem Weltkrieg bevorzugte leichte chinesische Tee war ihm nicht mehr herzhaft genug. Die schweren, kräftigeren Sorten aus dem indischen Kulturkreis eroberten zusehends den Markt.

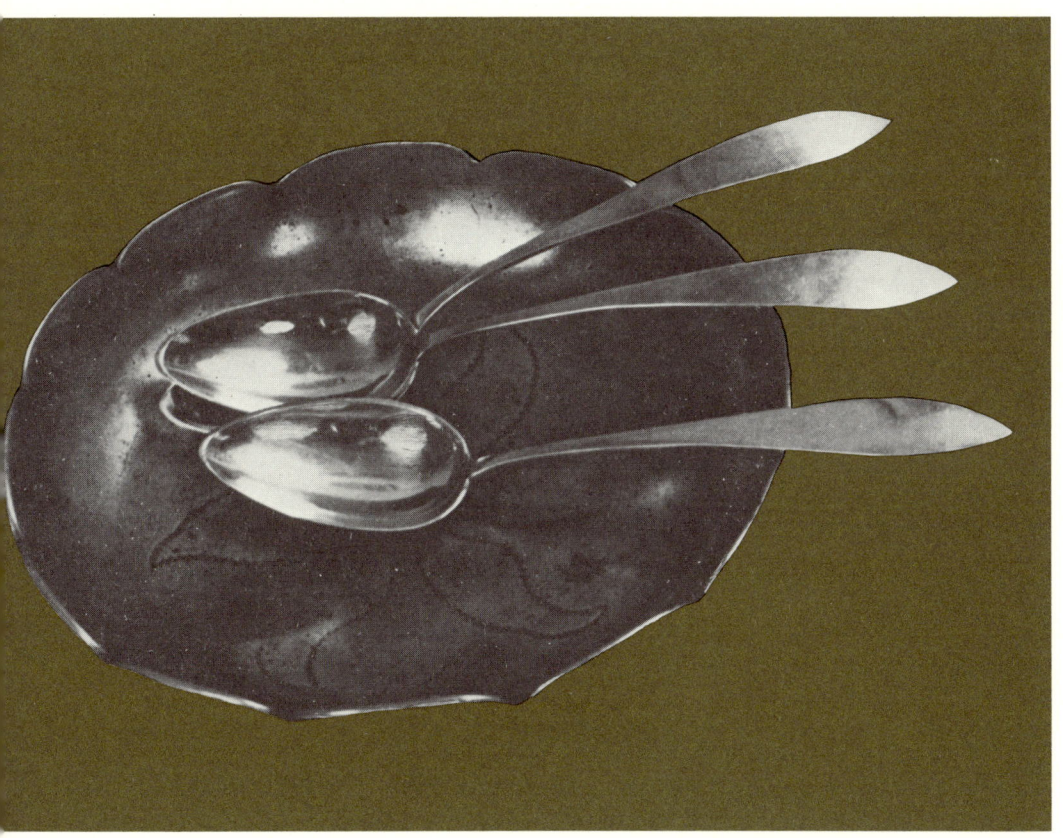

7   *Löffelkörbchen. Zinn   um 1800*

Die Ausnahmesituation in und nach den Kriegen, der aufgezwungene Verzicht auf das gewohnte Normalmaß haben alteingesessenen Ostfriesen und den meisten Neubürgern gezeigt, wie sehr sie dem Teegenuß „verfallen" sind, wie tief ihre Leidenschaft für das Volksgetränk ist.

8 Stövchen. Ton   um 1800

So kamen die Ostfriesen zum Tee

„Die Frauen sind schön, zum Teil aber dem Trunk ergeben und oft sogar schwer berauscht von dem Hamburger Bier, einem Getränk, das wie kein zweites in Deutschland durch seine süße Schwere die Sinne umnebeln kann." Das schrieb 1530 der ostfriesische Gelehrte Dr. Henricus Ubbius aus Ostermarsch an seine humanistischen Freunde in Italien über die Trinkgewohnheiten des weiblichen Geschlechts in Emden. An anderer Stelle seiner „Descriptio Frisiae" erwähnt er, daß in Ostfriesland von dem Hamburger Bier „jährlich eine große Menge gebraucht wird, zum Vorteil der Stadt Hamburg und der Steuereinkünfte der Grafen von Ostfriesland, aber zum größten Nachteil der Friesen selber, die ein gut Teil ihres Vermögens darin vertun und sich dabei im Rausch noch gegenseitig totschlagen".

Bevor der Tee im 18. Jahrhundert Ostfriesland eroberte, war das Bier die allgemeine und viel Unheil stiftende flüssige Volksnahrung. Es wurde fast in jedem Dorf von einem oder — wie in Oldersum — mehreren Brauern im Nebengewerbe hergestellt. In einem Brief an den Farmsumer Pastor Reinerus Melchior sprach der ostfriesische Chronist Eggerik Beninga in dem Zusammenhang von „eyn grote Misbrueck yn düssem Lande". Der Hopfen stammte aus dem Münsterland, aber auch aus wildwachsenden Beständen der einheimischen Gehölze und vereinzelt angelegten Versuchsgärten. Neben Bier als Getränk waren auch Biersuppe oder Warmbier mit Honig, Eiern und Ingwer beliebt. Mit dem in Eigenproduktion hergestellten Hopfensaft konkurrierten schon seit dem 13. Jahrhundert Importbiere aus Bremen und Hamburg. Sie erfreuten sich steigender Beliebtheit und wurden vor allem in Städten und Sielorten von mehreren Wirten verzapft. Kein Wunder, daß Antialkoholiker und Feinde berauschender Spirituosen den Tee, das fernöstliche Lebenselixier, als Segen empfunden haben.

Die erste Bekanntschaft der Ostfriesen mit dem neuen Trank läßt sich nicht exakt festlegen. Sie zieht sich über einen Zeitraum von mehreren Jahrzehnten. 1610 brachten niederländische Schiffe die ersten kleineren Teeladungen nach Europa: grünen Tee von der japanischen Insel Hirado. Die Ostindische Kompanie schenkte dem Prinzenhof eine Kostprobe. Regelmäßige Lieferungen nach Holland, d. h. aus Japan, zunehmend aus China, sind erst ab etwa 1635 bekannt.

Zehn Jahre später führten niederländische Kaufleute die Ware in England ein; bald darauf importierten die Bewohner des Inselreiches das Genußmittel über eine eigene Handelsgesellschaft. Über Direktlieferungen nach Ostfriesland liegen aus jener frühen Zeit keine verläßlichen Angaben vor. Dennoch ist sicher, daß geschäftstüchtige

Niederländer schon damals versucht haben, auch die ostfriesischen Nachbarn auf den Geschmack zu bringen. Glück hatten sie damit zunächst nur in begüterten und vornehmen Kreisen. Weil sie ihre Monopolstellung ausnutzten, war ihr Tee „sündhaft" teuer. Die ärmeren Schichten der Bevölkerung konnten sich das Luxusgetränk im allgemeinen anfangs nicht leisten — es sei denn, daß sie auf dem Umweg über ostfriesische Schiffer, die vielfach für holländische Rechnung fuhren, günstiger an die Kostproben herankamen. Sicher ist auch, daß Ärzte und Apotheker in Ostfriesland in der zweiten Hälfte des 17. Jahrhunderts über die Wirkung des Getränks informiert waren, denn es hatte bereits damals einen Ruf als Genußmittel und als „Medizin". So kaufte man Tee lange Zeit außer beim Gewürz- oder Kolonialwarenhändler beim Apotheker, später auch bei den gegen Ende des 19. Jahrhunderts aufkommenden Drogerien.

Ohne Zweifel muß man die Verbreitung der neuen Warmgetränke Tee, Kaffee und Kakao auch vor dem geschichtlichen Hintergrund der damaligen Zeit sehen: Im letzten Drittel des 17. Jahrhunderts zeichnete sich in Deutschland eine allmähliche Erholung der einheimischen Wirtschaft von den zum Teil verheerenden Folgen des Dreißigjährigen Krieges ab. Nur sehr langsam stabilisierten sich die Verhältnisse; die Landwirte erzielten wieder etwas bessere Preise für ihre Ware. Nachdem eine neue Generation herangewachsen war, etwa um 1680, scheint sich die Lage allgemein normalisiert zu haben. Überseeische Produkte kamen in größeren Mengen ins Land, ein sicheres Zeichen für eine ansteigende Konjunktur. Verbunden damit war eine Richtungsänderung des Handels: Als Deutschland wieder zu

9 *Stövchen mit Teste. Ton   um 1925*

einem interessanten Importgebiet wurde, hatten sich die Schwerpunkte vom Mittelmeer nach dem Atlantik, von Venedig nach Amsterdam, London und Hamburg verlagert. Die Niederlande und England bestimmten nun den Überseehandel; sie bzw. ihre kapitalkräftigen asiatischen Kompanien waren die „Vermittler" von Tee und Kaffee, Reis und Zucker sowie der Kartoffel. Die deutschen Landschaften waren durch den Dreißigjährigen Krieg unterschiedlich betroffen worden, das führte zu ungleichen Startbedingungen und beeinflußte die Bereitschaft, die neuen Produkte zu übernehmen. Neben Österreich, Ost- und Westpreußen war vor allem Nordwestdeutschland trotz zeitweiliger Notlage und Verwüstungen noch einigermaßen vor schwersten Schäden bewahrt worden. Die meisten norddeutschen Hafenstädte hatten ihre Stellung sogar ausbauen können. Die verheerende Weihnachtsflut von 1717 brachte zwar stärkere, wenn auch kurzfristige Rückschläge. Die neuen Güter wurden vor allem über deutsche und holländische Häfen importiert. So wurden zuerst im durch Wohlstand und geographische Lage begünstigten Nordwesten Tee, Kaffee, Reis und Zucker in den täglichen Speisezettel aller Bevölkerungsschichten aufgenommen. Die historische Konstellation wirkte sich aus: Seit dem Ende des 17. Jahrhunderts nahmen die Neuerungswellen vom Nordwesten aus ihren Anfang. Hinzu kam, daß die politischen, wirtschaftlichen und kulturellen Wechselbeziehungen zwischen Ostfriesland und den benachbarten Niederlanden, vor allem enge Handelskontakte zwischen Emden, Leer und Amsterdam, den Import der neuen Nahrungs- und Genußmittel in das nordwestdeutsche Küstengebiet von Anfang an besonders förderten.
Eine der frühesten Nachrichten über Tee in Ostfriesland liegt aus Leer vor: Dort weigerten sich 1675 mehrere Kaufleute, für bestimmte, in amtlichen Verordnungen „noch nicht verzeichnete Waren" das sogenannte Waagegeld zu entrichten. Die historischen Zusammenhänge sind für uns unwesentlich, bemerkenswert ist nur, daß mit den bestimmten Waren Tee, Kaffee und Tabak gemeint waren.
Die reformierte Kirche in Leer als damalige Eigentümerin der Waage stellte fest, daß aus dem Fehlen dieser Produkte in der Waage-Rolle von 1665 nicht gefolgert werden könne, Kolonialwaren seien nicht waagepflichtig. Es sei bekannt genug, „daß diese Waren im Jahre 1665 noch nicht Gegenstand des hiesigen Handels haben sein können".
1694 geriet — wie ein Strandungsbericht vermerkt — vor der ostfriesischen Küste ein Hamburger Schiff in Seenot. Eine Orkanbö warf es zwischen Baltrum und Langeoog auf ein Sandriff. Bei der Bergung des Strandgutes nahmen die Fischer von Westeraccumersiel auch eine Kiste Tee mit nach Hause.
Ostfrieslands wohlhabende „High Society" konnte um die Wende zum 18. Jahrhundert mit den modischen Gepflogenheiten ihrer Zeitgenossen in Holland und England durchaus Schritt halten. In einem im Jahre 1699 aufgesetzten Nachlaßinventar der ostfriesischen Fürstin Christine-Charlotte (1645—1699) werden neben einem Buch mit dem

Titel „Geistlich- und himmlischer Theegebrauch" (1697) auch ein Teetisch mit fünf verschiedenen Teebüchsen aus Zinn und Blech, neun Teeservietten, Teekessel aus Kupfer, Messing und Zinn und andere Geräte erwähnt, die man zur Zubereitung des Getränks benötigte. In diese Zeitspanne fällt die Tätigkeit des Johann von der Meulen, der als Agent (diplomatischer Vertreter) das ostfriesische Fürstenhaus in Amsterdam vertrat und für seine Auftraggeber in den Niederlanden Tee einkaufte.

Der letzte ostfriesische Fürst, Karl-Edzard (1716–1744), muß ein starker Teetrinker gewesen sein. Ein aus dem Jahre 1733 datiertes Rechnungsbuch beweist es. Der siebzehnjährige Regent verwaltete das väterliche Erbe mit größter Sparsamkeit. Nur für Kleidung, Bücher und Tee gab es Ausnahmen.

In Halle erschien 1718 eine Schrift von Johann Georg Hencke, der die Schrecken der verheerenden Weihnachtsflut von 1717 breit schilderte. An einer Stelle findet sich die ironische Bemerkung, daß es unter den Marschbauern „wolle Mode werden, Tee zu trinken".

Aufschlußreich ist die aus dem Jahre 1729 stammende Nachlaßliste eines gutsituierten Emder Geschwisterpaares, das eine vom Vater errichtete Tabakfabrik in der Seehafenstadt betrieben hatte. Die Teekultur dieser ostfriesischen Kaufmannsfamilie muß schon besonders ausgeprägt gewesen sein, denn die Erbmasse enthielt Teedosen, Teekessel, mehrere Teetische, einige Teegeschirre mit Tassen, Zuckerdosen und Spülkummen aus asiatischem Porzellan und Teetöpfe „englischer Art".

In den Akten des Pewsumer Marktes aus dem Jahre 1725 ist vermerkt, daß der Züchter, der das teuerste Pferd verkaufte, ein wertvolles Geschenk erhalten solle: eine silberne Teebüchse mit dem eingravierten Namenszug des Landesherren und dem fürstlichen Wappen. Die Büchse war in Emden für 15 Reichstaler gekauft worden. Wie das Norder Bürgerbuch berichtet, eröffnete der aus dem schleswig-holsteinischen Mölln stammende Hinrich Voß 1723 in der Küstenstadt ein „Thee-Spezialgeschäft". Zur gleichen Zeit war die Zahl der in Norden ansässigen Bierbrauer, die um 1690 noch 30 betrug, auf 17 zurückgegangen. 1742 ließen sich in Norden zwei weitere „Thee- und Kaffeehändler" nieder, die aus Amsterdam stammenden Kaufleute Gerjet und Pieter Buhrmann Kramer. Neun Jahre zuvor hatte sich in Aurich ein niederländischer Destillateur angesiedelt, der in seinem Gesuch erwähnte, daß er auch „Thee und Tabak" vorrätig halte.

In der Kaje-Ordnung des Norder Hafens aus dem Jahre 1737 werden Tee, Kaffee, Kandis, Tabak sowie „Porcelainen" und „Grob Thee-Zeug" als abgabepflichtige Waren aufgeführt. Die dafür geltenden Richtlinien wurden im Mai 1787 von den preußischen Behörden in einer erneuerten Kaje-Ordnung übernommen; daraus geht unter anderem hervor, daß die Einwohner von Stadt und Amt Norden für eine Kiste Tee im Gewicht von 300 Pfund zwei Gulden Kajegeld, Fremde jedoch die doppelte Summe zahlen mußten. Norden war

10　Kanne. Zinn mit Peddigrohrgriff　um 1850

11　Teedosen, Porzellan. Anfang 19. Jhdt

damals der Ein- und Ausfuhrhafen für das reiche Marschgebiet der nördlichen Krummhörn und des Brookmerlandes.

Als junger Wanderbursche ohne Ausbildung kam 1748 Christian Gottlob Weiß aus Erfurt nach Norden und machte nach kurzem Aufenthalt als „Wunderdoktor" von sich reden. Weil die örtlichen Behörden seine Zulassung zur medizinischen Praxis ablehnten, wandte sich Weiß mit mehreren Eingaben direkt an Friedrich den Großen.

Er behauptete, die Norder errichteten unsinnige Wasserbauten, trieben bei der Besetzung einflußreicher Posten eine üble Vetternwirtschaft und tränken vielzuviel unverzollten Tee. Die Vorwürfe erwiesen sich größtenteils als falsch; das Gesuch wurde abgelehnt.

Tee gehörte bereits in der ersten Hälfte des 18. Jahrhunderts zur Aussteuer einer Ostfriesin aus gutem Hause. In einer 1736 abgefaßten „Specification derjenigen Güter so Catharine Lamberti, Tochter d. Pastor Gerhard Lamberti in Nesse ihrem Ehemann Ubbo Jochembs

12 Teedose eines Kaufmanns. Eisenblech   um 1900

eingebracht hat" sind auch „ein halb Doßin fein Thee Guth" und „ein Thee Kessel" aufgeführt. Noch großzügiger war die Mitgift, die der Hausmann Johann Lüken Jürgens in Wrisse im Jahre 1810, während der Franzosenzeit, seiner Tochter mit in die Ehe gab: In einem „Inventarium von Sachen und Geldern" werden „ein runder Theetisch, sechs Paar Dresdener Theezeug nebst Spulnapf, ein Theetopf, eine Zuckeruntertasse" und eine lackierte Teebüchse aufgeführt.

Anno 1770 wurde in Wittmund ein Schulmeister gemaßregelt, weil er vorzeitig den Unterricht beendet hatte, um in der Wohnung Tee zu trinken. Die Episode macht deutlich, daß der Teegenuß in der zweiten Hälfte des 18. Jahrhunderts — ungefähr gleichzeitig mit dem Kartoffelanbau — nahezu alle Bevölkerungsschichten Ostfrieslands „erfaßt" hatte. Die Lehrer jener Zeit verdienten wenig, wenn sie sich dennoch das Auslandsprodukt gönnten, beweist das, wie sehr sich Tee als beliebtes Volksgetränk eingebürgert hatte. Freilich war er in der Zwischenzeit billiger geworden.

Ein allgemeiner Hinweis auf den Beginn des Teetrinkens in Ostfriesland findet sich bei dem Historiker Onno Klopp. In seiner 1865 erschienenen „Geschichte Ostfrieslands von 1570 bis 1751" schrieb er: „Die Lebensweise der Ostfriesen machte in der letzten Zeit der fürstlichen Regierung (bis 1744) einen großen Fortschritt. Der Kaffee und der Thee begannen als Ersatz für die spirituösen Getränke ihre sänftigende und mildernde Einwirkung auf das Familienleben... Aber man denke sich dieselben hinweg und an ihrer Statt, da nun einmal die

13 Sahnelöffel. Silber und Silberfiligran

klimatischen Verhältnisse erregende Getränke zu verlangen scheinen, alltäglich zu den verschiedenen Zeiten die spirituösen Getränke, die starken Biere, welche unsere Vorfahren in so erstaunlichen Mengen zu sich zu nehmen pflegten, in die Familien wieder eingeführt. Dann würde, wie es uns scheint, es keines Seherblickes bedürfen, um zu ahnen, welche Rückschritte unsere Gesittung in wenigen Jahren machen müßte."

In diesem Zusammenhang muß ein geistliches Lied nicht ungewöhnlich erscheinen, das der in Weener tätige pietistische Prediger Wilhelmus Schortinghuis für seine „Bevindelike Gesangen" („Welterfahrene Gesänge") schrieb. Die in Niederländisch — der damaligen Kirchen- und Schriftsprache der Reformierten — verfaßte, sehr beliebte Sammlung erschien vor allem zwischen 1733 und 1754, zuletzt noch 1865 in zahlreichen Auflagen und war im reformierten Ostfriesland weit verbreitet. Die Lieder wurden vor allem bei Konventikeln, außerkirchlichen Versammlungen zur religiösen Erbauung, gesungen.

Unter der Überschrift „De Sondaar ontdekt, Coffy of Thee drinkende:" (Der Sünder entdeckt, Kaffee oder Tee trinkende:) besingt Schortinghuis in insgesamt elf Strophen Tee und Kaffee und dankt Gott für den gewährten Genuß der beiden Getränke. Die 3. und die 6. Strophe des Liedes lauten:

> 3. Oosten brengt ons Coffy Bonen,
>   Met den angenamen Thee,
>   Rijklik to verquikking mee,
>   En het Water van uw' Throon an
>   Wolken, doet gy ons ontfaan:
>   Gy Hebt Alles Wel Gedaan.

> 3. Der Osten bringt uns Kaffeebohnen,
>   Mit dem angenehmen Tee,
>   Reichlich zur Erquickung mit,
>   Und das Wasser von Eurem Thron an
>   Den Wolken laßt Ihr uns empfangen:
>   Ihr habt alles wohl getan.

> 6. Js 'er ooit een Drank te vinden,
>   Die ons tot verquikking is,
>   't is den Thee tot Laaffenis,
>   En dus moestik billik in den
>   Angenamen Thee verstaan:
>   Gy Hebt Alles Wel Gedaan.

> 6. Ist da je ein Trank zu finden,
>   Der uns zur Erquickung dient,
>   So ist es der Tee zur Labsal,
>   Und also müßt' ich redlich
>   So den angenehmen Tee preisen:
>   Ihr habt alles wohl getan.

In knapp einem Jahrhundert hatte der Tee Ostfriesland „erobert". Aus dem kostspieligen Genuß wohlhabender Adelsfamilien, Marschbauern und Stadtbürger war bereits am Ende des 18. Jahrhunderts ein Volksgetränk geworden, das auch in den wirtschaftlich ärmeren Geest- und Moorgebieten Buttermilch und Bier allmählich verdrängte. Möglicherweise hat vor allem in Ostfriesland das Beispiel der teetrinkenden, tonangebenden Landesherrscher die Untertanen beeinflußt; auffallend ist, daß die führenden Schichten und somit auch die Landesbewohner im benachbarten Jeverland und im Herzogtum Oldenburg von Anfang an wesentlich mehr auf Kaffee fixiert waren.

Der 6. Juli 1753 ist ein wichtiges Datum in der ostfriesischen Teegeschichte. Nach sechzehn Monaten Fahrt kehrte die 150 Fuß lange und 38 Fuß breite, mit 120 Matrosen, zwölf Grenadieren und 36 Kanonen besetzte „König von Preußen" nach Emden zurück und landete die offensichtlich erste große Teepartie aus China auf ostfriesischem Boden an. Als der Segler vor der malerischen Kulisse der alten Seehafenstadt an der Emsmündung aufkreuzte, rieben sich Emder Kaufleute, geschäftstüchtige Kapitalgeber aus Westfalen, Frankreich und den Niederlanden, vor allem aber der preußische König Friedrich II. in Potsdam die Hände: Der Start war gelungen. Zwei Jahre zuvor hatten sie gemeinsam mit vielen Hoffnungen, aber auch mit der Spürnase für einträgliche Gewinne die „Königlich-Preußische Asiatische Compagnie in Emden nach Canton und China" — so der offizielle Titel — aus der Taufe gehoben. Die benötigten Schiffe wurden in England und Holland gekauft. Zum Gründungsakt war der „Alte Fritz", der sich nach dem Tode des letzten ostfriesischen Fürsten im Jahre 1744 Ostfriesland einverleibt hatte, nach Emden gekommen. Ihm zu Ehren hatte die Handelsgesellschaft eigene Piaster mit dem Bildnis Seiner Majestät und dem Wappen der Kompanie (Dreimaster auf See) prägen lassen.

Die Ziele der Kompanie-Gründer ergänzten sich vortrefflich. Die Kaufmannschaft und die zahlungskräftigen Leute aus dem Binnenland sahen — nach bereits bestehenden Vorbildern in England und den Niederlanden — in der Handelsgesellschaft eine ideale Plattform, ihre Geschäfte weltweit auszudehnen. Sie trugen das Risiko derart gewagter Unternehmungen gemeinsam. Im Rücken hatten sie die vertragliche Zusicherung, daß ihnen der Staat keine finanzielle Hilfe, jedoch gewisse Privilegien gewährte. Dem Preußenkönig paßte die Sache ins Konzept. Er wollte Emden seit der Übernahme Ostfrieslands zum Angelpunkt einer eigenen preußischen Seehandelspolitik machen; ihm war es ein Dorn im Auge, daß Preußen — aus Mangel an Kolonien — überseeische Erzeugnisse (darunter Kaffee und Tee) aus den benachbarten Niederlanden über den Hafen Emden einführen mußte und nicht direkt beziehen konnte. Die Überlegung, Produkte im Ursprungsland und nicht aus „zweiter Hand" zu erwerben, und die Absicht, somit einen Teil des niederländischen Handels ins eigene Land zu ziehen, waren bestechend.

Noch aus einem anderen Grund sahen sich die Kompanie und der König auf Erfolgskurs. Ihr Vorhaben spielte sich vor dem Hintergrund der sich überall in Europa ausbreitenden Chinamode ab. Das nachbarliche Konkurrenzunternehmen, die Niederländisch-Ostindische Kompanie, verschiffte zu Beginn des 17. Jahrhunderts nicht nur Tee und Kaffee, sondern auch Porzellan in unvorstellbaren Mengen aus dem Reich der Mitte für den wachsenden Eigenbedarf und Weiterverkauf nach Holland. Die Begeisterung für „Chinoiserien" in den phantasievollsten Farben und Formen erfaßte nicht nur die gehobene Gesellschaft mit ihrem verfeinerten Lebensstil, sondern — wie ein Amsterdamer Chronist bereits 1614 notierte — „auch das gemeine Volk".

Die Preise für Porzellan, vor allem für die besonders beliebten blauweiß bemalten Gefäße, hielten sich durchaus in Grenzen, obwohl die Chinesen und die Kompanie den Erlös diktieren konnten. Die Europäer waren noch nicht hinter das Herstellungsgeheimnis der zerbrechlichen Ware gekommen. Selbst als die später gegründeten europäischen Manufakturen den Markt ausreichend versorgen konnten,

14 „Der König von Preußen". Tuschzeichnung 1752

hielt die Nachfrage nach Originalprodukten aus Fernost oder täuschend ähnlichen Imitationen an.

Über Geschmacksfragen werden sich die Initiatoren der Preußisch-Asiatischen Handelskompanie kaum unterhalten haben, als die „König von Preußen" am 6. Juli 1753 in Emden ihre kostbare Ladung löschte, die eineinhalb Monate später in der Hafenstadt versteigert wurde. Die Interessenten der Auktion kamen von weither. Ein Teil der Ware blieb in Ostfriesland. Das Schiff hatte neben Seide, Damast und Gewürzen vor allem Tee und Porzellan mitgebracht: 451 730 Pfund „Thee Boey", 65 832 Pfund „Thee Congo", 2919 Pfund „Thee Peco", 14 453 Pfund „Thee Soatchon", 5642 Pfund „Thee Singlo" und 6100 Pfund „Thee Haysan". Unter den Porzellanstücken (von emaillierten Salatieren bis zu Punschkumpen) befanden sich 51 877 Teezeuge (offensichtlich Tassen ohne Henkel), 49 750 Kaffeezeuge, 600 Teekannen und 220 Teeservice. Die Waren kamen, wie man dem König nach Berlin meldete, aus erster Hand: Nach der Ankunft des Emder Kauffahrteischiffes in Kanton hatte der Kapitän den Beauftragten der im Innern Chinas gelegenen Manufakturen die Bestellungen für das Porzellan übergeben; nach vier Monaten Liegezeit konnte die Schiffsführung die Ware in Empfang nehmen und verladen. Chinesische Trägerkolonnen hatten das zerbrechliche Gut mehrere hundert Kilometer weit vom Herstellungsort über das Gebirge zum Hafenplatz geschafft.

Das zweite Schiff der Kompanie, die „Burg von Emden", wies nach ihrer Rückkehr eine noch bessere Bilanz vor. Als der Segler am 28. Mai 1754 nach einer beinahe 19monatigen Reise in Emden anlegte, brachte er noch mehr Tee und 1200 Kisten feinsten China-Porzellans mit, darunter auch Zuckerdosen und die für das Teezeremoniell damals üblichen „Spuhl Kumpen" (Spülkummen). Jeweils ein Vierteljahr nach Versteigerung der Waren lichteten die Schiffe wieder die Anker und verließen die heimischen Gewässer, um Nachschub aus Fernost zu holen. Ende 1753 und Anfang 1755 schickte die Kompanie zwei weitere Schiffe auf Fahrt: Die „Prinz von Preußen" und die „Prinz Ferdinand". Das Geschäft florierte, und die Gunst der Stunde mußte genutzt werden. Im Juli 1755 verkündete der König in einem Erlaß an alle Provinzialkammern, „daß von nun an keine anderen Theen in denen königlichen Landen zur Consumtion eingelassen werden sollen als nur von der Asiatischen Handlungs-Compagnie zu Emden".

Die Gesellschaft segelte unter einem glücklichen Stern. Gewiß: Todesfälle waren bei derart langen Reisen stets zu beklagen. Allein von der ersten Fahrt kamen zwanzig (vermutlich ostfriesische) Seeleute nicht zurück. Eine gefährliche Situation entstand, als die „Prinz von Preußen" im Juli 1755 bei Borkum strandete und die Besatzung das Schiff verlassen wollte. Der Kapitän griff hart durch. Er drohte, mit Kanonen auf die Boote zu schießen. Die Leute blieben an Bord. Nach einigen Tagen kam das Schiff aus eigener Kraft wieder frei. Es hatte

so viele Waren im Laderaum, daß zwei Versteigerungen angesetzt werden mußten: in Emden und in Stettin. Vermutlich befand sich darunter ein wertvolles Geschenk der Kompanie für Seine Majestät, das in Kanton hergestellte „Preußische Tafelservice" mit dem Königlich-Preußischen Staatswappen. Zahlreiche Stücke sollen bei der Strandung über Bord gegangen, später von Küstenbewohnern in Besitz genommen und größtenteils in den Handel gebracht worden sein.
Der Ausbruch des Siebenjährigen Krieges (1756) und die Besetzung Ostfrieslands durch die Franzosen (1757) setzten dem Handel ein jähes Ende. Der wirtschaftliche Niedergang der Kompanie war nicht aufzuhalten. Die Stadt Emden wehrte sich verzweifelt — aber weder die Geldgeber noch der König waren bereit, bei der unsicheren politischen Lage noch Investitionen in das Unternehmen zu stecken. Die Holländer nutzten die Notlage und warben die besten Männer der preußischen Schiffsbesatzungen ab. Als die Franzosen in die Hafenstadt einrückten, segelte einer der Kompaniedirektoren mit der „König von Preußen" nach Delfzyl. Die „Burg von Emden" und die „Prinz von Preußen" wurden abgetakelt und blieben in Emden liegen. Die „Prinz Ferdinand", die im Herbst 1757 von ihrer ersten Chinareise zurückkehrte, lief in Plymouth ein; dort wurden Schiff und Ladung verkauft. Die Kompanie, deren vier Schiffe insgesamt nur sechs Fahrten unternommen hatten, löste sich 1765 auf. Dennoch stimmte die Bilanz unterm Strich versöhnlich. Bei hohen Kosten war den Kaufleuten ein guter Gewinn geblieben. Bemerkenswert ist, daß der Handelswert des Tees den des importierten Porzellans um das Fünffache überstieg. Der König wird sich damit getröstet haben, daß es ihm — wie es in einer zeitgenössischen Quelle heißt — „gelungen war, das Geld, welches für den Bedarf von Thee aus dem Lande ging, innerhalb desselben zu erhalten".
Friedrich II. war nach dem Ende des Krieges nicht abgeneigt, die Gesellschaft wiederzubeleben. Es blieb bei dem Versuch. Die kurze Epoche der ostfriesischen „Teeklipper", wie sie fälschlicherweise später oft genannt wurden, war vorbei. Die hohe Zeit der echten, nämlich der englischen „Teeklipper" begann erst rund hundert Jahre später. Die schnittig gebauten Schnellsegler erlangten Weltruhm, weil sie die Ware im Rekordtempo heranschafften und sich Wettrennen lieferten.

Mit dem Ende der Kompanie war der Tee-Import auf dem Seeweg nach Ostfriesland in der zweiten Hälfte des 18. Jahrhunderts keinesfalls unterbunden. Im Gegenteil: Die politische Konstellation in Europa, vor allem die preußische Neutralität während des amerikanischen Unabhängigkeitskrieges (1767—1783) und in den Revolutionskriegen seit dem Baseler Frieden mit Frankreich (1795), begünstigte Ostfrieslands Schiffahrt und Wirtschaft außerordentlich.

Um 1780, als England die Niederlande blockierte, erwarben zahlreiche holländische Kaufleute Bürgerrechte in den ostfriesischen Hafenstädten, hauptsächlich in Emden. Von 400 damals registrierten, mit

15 Geschirr „Dresmer Rot" bzw. „Ostfriesische Rose". Wallendorf

preußischen Papieren fahrenden Emder Seeschiffen waren 300 niederländischer Herkunft; 1796 stieg die Zahl auf 499. In Norden wurden 111 Schiffer aus dem Nachbarland eingebürgert. Auch ostfriesische Schiffe segelten in zunehmender Zahl und Größe bis in die entferntesten Winkel der Welt. Der Warenverkehr mit überseeischen Gütern, darunter Tee und Kaffee, verzeichnete eine Hochkonjunktur. Als 1781 auch der wohlhabende Bremer Kaufmann und Reeder Carl Philipp Cassel das Bürgerrecht in Emden erwarb, lebte kurzfristig die Tradition der Ostasiatischen Kompanie wieder auf: Cassel gründete Gesellschaften, die auf Aktienbasis große Seeschiffe („Präsident von Bremen", „Asia" und „Prinz Friedrich Wilhelm von Preußen") ausrüsteten und den Handel mit Ostindien und China aufnahmen. Im Jahre 1805 brachten mehrere amerikanische Schiffe chinesische Teeladungen, deren Einfuhr im benachbarten Holland verboten war, nach Emden; sie wurden öffentlich zum Verkauf angeboten.
Ein spektakulärer Strandungsfall beweist, daß Tee um die Mitte des 18. Jahrhunderts nicht nur in Ostfriesland, sondern auch in anderen Landstrichen der deutschen Nordseeküste begehrt war. Am Abend des 4. Dezember 1755 geriet das hamburgische Segelschiff „De junge Berend" bei einem heftigen Schneesturm in der Elbmündung auf die berüchtigte Scharhörndüne und schlug leck. Es hatte einige hundert, zum Teil bis zu 500 Pfund schwere Kisten mit Chinatee, aber auch Porzellan und Eisen an Bord. Die Ladung war für Reeder und Kauf-

leute in der Hansestadt bestimmt. Wie ein Lauffeuer verbreitete sich schon am nächsten Tag auf der Insel Neuwerk und dem Festland die Kunde von dem hochwertigen Strandgut. Der Ruf „Tee op Scharhörn" wirkte auf die Küstenbevölkerung wie ein Magnet. Bei einer späteren Gerichtsverhandlung in Ritzebüttel wurde festgestellt, daß die an der Bergungsaktion beteiligten Schiffer und „Strandläufer" nur zwei Drittel der Teeladung rechtmäßig abgeliefert hatten. Den Rest, mindestens 120 Kisten, hatten sich Strandräuber — per Schiff oder in mühsamen Fußmärschen übers Watt — geholt und im Küstengebiet zwischen Weser und Elbe „schwarz" verhökert. In Hamburg und Altona deckten die Behörden Schiebungen großen Stils auf.

Außerhalb Ostfrieslands verbreitete sich das Teetrinken im 17. und 18. Jahrhundert an der Westküste Schleswig-Holsteins, in Dithmarschen und auf Helgoland. Unverkennbar sind auch hier holländische, englische und dänische Einflüsse. An den Einfuhren waren später vor allem die Häfen Hamburg und Altona beteiligt. Um 1790 wurde das übermäßige Teetrinken bei den nordfriesischen Inselbewohnern als Laster und Luxus bezeichnet und mit höherer Sterblichkeit in Verbindung gebracht. Um die gleiche Zeit beklagte man auf Helgoland: „Unstreitig ist den Vorfahren ihr warmes Bier, wenn sie des morgens frühe in die See fahren sollten, oder am Abend durchnäßt und vor Kälte fast erstarrt zurückkamen, nahrhafter und heilsamer gewesen, als den Jetztlebenden der grobe Tee, den sie ohne Milch und Zucker trinken. Vordem hat jede Haushaltung ihr eigenes Bier gebraut."

In Johann Friedrich Schützes 1800 bis 1806 erschienenem Holsteinischem Idiotikon (Mundartwörterbuch) finden sich u. a. Begriffe wie „teekrögen" („viel Tee trinken") und „Teekröger bzw. -krögersch" („Personen, die viel und nichts als Tee trinken"). Unbekannt ist, wann man auf den nordfriesischen Inseln und Halligen dazu überging, leichten Schwarztee mit Korn und Zucker zu versetzen und als den noch heute üblichen „Teepunsch" zu genießen.

Aus schleswig-holsteinischen Manufakturen und Werkstätten von Gold- und Kupferschmieden, Zinngießern und Fayenceherstellern früherer Zeit sind einige wertvolle Gerätschaften für die Teezubereitung in Museums- und Privatbesitz erhalten geblieben. Fest steht jedoch, daß der Tee und seine Kultur in diesem Bereich der Nordseeküste bei weitem nicht die Bedeutung erlangten wie in Ostfriesland. Das gilt auch für die Hansestädte Hamburg und Bremen, deren „Tee-Ruhm" sich weniger mit dem Verbrauch als mit dem Handel begründen läßt.

Der Teekrieg des Alten Fritz

Der Niedergang der Ostasiatischen Handelskompanie in Emden stellte Friedrich II. vor das alte Problem: Wie sollte er weiterhin bei seiner Absicht bleiben, das für Tee und Kaffee ausgegebene Geld im Lande zu behalten? Verärgert mußte er zusehen, wie sich Händler und Verbraucher erneut mit den begehrten Waren aus zweiter Hand versorgten. Der „Alte Fritz" verfiel auf die naheliegende Idee: Er wies seine Behörden an, das allenthalben verbreitete Kaffeetrinken und den speziell in Ostfriesland festgestellten Genuß von Tee einzuschränken und auf die Dauer ganz zu unterbinden. Statt dessen sollten sie Ersatzgetränke empfehlen und den Bierkonsum wieder beleben, weil Gerste und Hopfen im Lande selbst gewonnen werden konnten. Damit zettelte er einen „Teekrieg" gegen die Ostfriesen an.
Während in den großen Städten des Preußenstaates die berüchtigten „Kaffeeschniffler" dem Duft der braunen Bohnen nachschnupperten, zerbrachen sich die Beamten der Kriegs- und Domänenkammer in Aurich die Köpfe und ersannen immer neue Gründe für die „schädlichen" Folgen des volkstümlichen Teetrinkens. Ebenso beflissen propagierten sie den Hopfenanbau. Dabei konnten sie auf eine Tradition verweisen, denn die Hopfenkultur war in Ostfriesland aus früherer Zeit nicht ganz unbekannt; durch das ungünstige Klima und die Bodenbeschaffenheit — im Gegensatz zum Oldenburgischen — waren jedoch nur geringfügige Erträge zustandegekommen. So fand sich kaum jemand bereit, die Klettergewächse erneut anzupflanzen — obwohl Flugschriften mit Kulturanweisungen verbreitet und die Gemeinden angehalten wurden, gemeinschaftliche Versuchsgärten anzulegen.
Die Ämter in den Marschgebieten hatten triftige Gründe, sich querzustellen. Aus Pewsum wurde nach Berlin berichtet, man könne „aus der Milchwirtschaft mehr machen", eine Kuh liefere im Sommer 400 Pfund Käse. Innerhalb der Krummhörner Warfdörfer zwischen Emden und Norden habe man ohnehin keinen Platz zum Anbau, da alles bewohnt sei. Die Einwohner von Bagband und Strackholt schrieben, sie „grenzten an den Morast" (Hochmoor) und betrieben den Buchweizenanbau. Innerhalb der Gemeindegrenzen werde der Raum immer enger, da jedes verfügbare Fleckchen mit „Kolonistenhütten bepflanzt ist". Es sei kaum Platz für Küchengewächse und Obstbäume vorhanden. Aus dem Amt Stickhausen kam die Klage, der Bauer habe das ganze Jahr über mit den Deichen zu tun und könne schon dafür keine ausreichenden Arbeitskräfte auftreiben. Und außerdem: Der Unvermögende wühle mit seiner Haushaltung den ganzen Sommer über im Moor, um sich durch Buchweizenanbau das Leben zu erhalten. Wie sollte man also Leute bekommen, die den Hopfen pflückten und „das Übrige besorgten?"

Bis auf einige Dörfer bei Aurich — z. B. Sandhorst — fielen alle Anordnungen, Maßnahmen, Strafandrohungen auf keinen fruchtbaren Boden. Der Bierkonsum früherer Jahrzehnte war nicht mehr zu beleben. Mehr Resonanz fanden die Bestrebungen, den Untertanen statt echten Tees oder Kaffees einen vor allem in Groningen und im Rheiderland bekannten Aufguß aus Tüngel (Klebkraut) aufzuschwatzen oder kaffeeähnliche Ersatzprodukte aus heimischen Rohstoffen zu gewinnen. Als billiges Volksgetränk wurden Surrogate aus den Wurzeln der Zichorie (Wegwarte), aber auch aus Roggen, Gerste, Hafer, Eicheln, Lupinen, Löwenzahnwurzeln und Zuckerrüben propagiert und in den Handel gebracht. Die Hersteller solcher Erzeugnisse manipulierten bedenkenlos mit dem Zauber des Wortes „Kaffee".

16   *Teedose. Messing, Blei und Glas   um 1760*

Über den „Mißbrauch des Tee- und Kaffeetrinkens" machte das Königlich-Preußische Polizeidirektorium im April 1768 folgende Bemerkungen: „Die Wirkungen des Thees sind zwar weder für die Gesundheit noch für den Beutel von denen, die ihn trinken, so schädlich, als diejenigen, welche man sich durch den Caffe zuzieht; allein eine geringe Aufmerksamkeit wird doch zeigen, daß es wirklich widersprechend sey, für dieses Kraut Geld aus dem Lande zu schicken. Der Thee ist an und für sich gelinde, gewürzhaft und mäßig herbe, allein so schwach, als er gemeiniglich getrunken wird, ist er nicht im Stande, seine Kraft zu zeigen. Er stellt dann ein gelblich gefärbtes laues Wasser vor, welches angenehm riecht, und indem es in Menge getrunken wird, weit entfernt zu stärken, den Magen schwächt. Man muss also den Thee stärker, aber nicht so häufig trinken? wird man gleich hierauf antworten. Zugegeben, dass dann der Thee seinen guten Nutzen hat; allein wollen wir immer andern Völkern Tribut geben? Werden wir nicht viel besser thun, wenn wir Citronenmelisse und noch mehr die bei uns überall wildwachsende Bergpetersilie eben so wie Thee brauchen und trinken? Möchten doch diese jetzt vom Caffe- und Theetrinken angebrachten Umstände unsere Deutschen, die sich mit Recht durch ihre Einsichten, Wissenschaften und andere gute Eigenschaften so sehr über andere Nationen erheben können, auf die Gedanken bringen, auch in ihren ökonomischen Einrichtungen einen Vorzug vor andern zu erhalten, dadurch, daß sie zu der einfältigen und der Natur gemässen Lebensart ihrer Vorfahren zurückkehrten."

1778, im zehnten Jahr des „Teekrieges", wandte sich die preußische Regierung über die Auricher Domänenkammer an die ostfriesischen Landstände und stellte ihnen eine Akte zu, die unter dem Titel „Die Abbestellung des übermäßigen Thee und Caffetrinkens" folgende Behauptungen und Anweisungen enthielt: „Der Gebrauch des Thee und Caffe in hiesiger Prowintz ist so übermäßig, daß Wir den schädlichen Folgen desselben Einhalt zu thun keinen weiteren Abstand nehmen können. Letzteren verbreiten sich über alle Stände ohne Ausnahme, unter allen aber leidet der Landmann am allerempfindlichsten. Wir können uns entübrigen diese der Mannigfaltigkeit nach zu zergliedern, und bedürfen nur anzuführen, daß ohne alle Widerrede bey der jetzigen Fortdauer allgemein Gebrauchs dieses nahrlosen Getränks, der innerliche Reichtum des Landes geschmäht wird, die Landes Producte unterm Mittel Preis erhalten werden... Wenn nun in anderen Prowintzen dieser Misbrauch durch dienliche Maasregeln begräntzt ist, so können auch Wir bey diesem in allen Absichten nützlichen Vorgang nicht länger und umsoweniger gleichgültig bleiben, weil der Hof zu verschiedenen nahe deshalb Erinnerungen ergehen lassen. Bevor Wir also hierüber einen pflichtmäßigen Vortrag allerhöchsten Ortes einreichen, wollen Wir dieses Gegenstandes wegen Eure Vorschläge und zwar innerhalb 14 Tage darüber erwarten, welche Maasregeln Ihr am diensamsten machtet, um das übermäßige Thee und Caffetrinken abzustellen. Bey diesem allgemeinen wichtigen

Gegenstand werdet Ihr Euch in der Art gründlich zu nehmen wissen, daß der gemeinnützige Zweck ohne alle Weitläufigkeit erreicht wird. Sind Euch mit Gnaden gewogen. Gegeben Aurich den 19ten Februar 1778."

Die Landstände einigten sich erst im Mai auf eine Erwiderung. Sie gipfelte darin, von dem Verbot des Teetrinkens in Ostfriesland auch weiterhin Abstand zu nehmen. Von einem übermäßigen Gebrauch von Tee und Kaffee sei man keinesfalls überzeugt. „Auch leidet es keinen Widerspruch, daß dieses Getränk das wohlfeilste vor allen anderen ist, so daß Handwerker, Arbeiter und andere geringe Leute in den Städten und auf dem platten Lande sich und ihre Familien für ein paar Stüber täglich nach Notdurft versorgen können, ohne Gefahr zu laufen, berauscht zu werden." Die überall gemachten Versuche zur Einführung von Ersatzmitteln hätten nirgends zu einem bleibenden Erfolg geführt.

Die Antwort der Kammer fiel entsprechend bissig, wenn auch im Zeitalter der Aufklärung in belehrendem Ton aus: Man müsse von einem übermäßigen Gebrauch sprechen, weil jeder bis zum Bettler „Thee wo nicht Caffe" trinke. „Wir haben das Verhältnis des Preises worin dieses mit anderen Getränken steht nicht wissen wollen, denn wenn gleich der gemeine Mann sich und seine Familie hiermit zu versorgen nur wenige Stüber (ein Stüber gleich 55,9 Pfennige nach Reichswährung) täglich gebrauchen sollte, so sind auch diese Stüber, welche nach dem Umfang der gantzen Prowintz berechnet ein gantz ansehnliches Capital ausliefern, für den Staat verschwendet und außerhalb des Landes verbracht." Und weiter: „Die allgemeine Beibehaltung des Thees und Caffe dadurch empfehlen zu wollen, weil dieses Getränk wohlfeil ist, und nicht berauscht, heißt das Vorurteil nähren. Der geringe Mann in der Stadt und auf dem Lande ... wird eben in der Art eine Notdurft finden, wenn er mit Weglassung allen Zusatzes warm Wasser und Milch trinket, ohne Gefahr zu laufen berauscht zu werden. Daß das Bier höher zu stehen kömmt ist ein angenommener aber unbewiesener Satz. Der Thee und Caffe führet das Privilegium auf einige Stunden des Tages müßig zu seyn mit sich, die tägliche zu verschiedenen Tageszeiten erforderliche Zubereitung vermehret den Zeit Verlust, und mit diesem den Preis, welchen man vielleicht als nicht klingend außer Berechnung läßt. Wenn aber behauptet wird, daß Bier den Kopf nimmt und allerhand Unordnungen veranlasse, so bedarf zur Hebung dieses Einwurfs nur empfohlen zu werden, den Gebrauch vom Mißbrauch unterscheiden zu wollen." In einer ironischen Schlußfloskel setzte die Behörde hinzu, daß ein Verbot des Tees vielleicht die Gefahr des „Genevertrinkens" heraufbeschwöre; in solchen Fällen müsse man dann schon den Tee zum „Brandkühlen" weiter trinken ...

Die Landstände ließen sich jedoch weder von der Ironie noch von den versteckten Drohungen beeindrucken. Sie verfaßten eine Antwort, ein leidenschaftliches, überzeugendes Plädoyer, dem auch heute nichts

17 Kanne. Silber Emden 1724

hinzuzufügen ist. Schwungvoll schrieben sie am 11. Mai 1779: „Der Gebrauch des Thee und Caffe ist hierzulande so allgemein und so tief eingewurtzelt, daß die Natur des Menschen schon durch eine schöpferische Kraft müßte umgekehrt werden, wenn sie diesen Getränken auf einmal gute Nacht sagen sollte!" Die Erfahrung lehre, daß der Kaffee dem Körper Nahrung bringe und der Tee den Geist ermuntere und stärke, vor allem aber kranken und schwächlichen Personen zur Arznei diene. Für andere, wohl zu entbehrende Waren gingen alljährlich noch größere Summen ins Ausland, von denen nur wenige Menschen Nutzen hätten. Treffend bemerkten die Landstände, Tee und Kaffee zählten in Ostfriesland „seit altersher" zu den wahren Bequemlichkeiten des Lebens, und diese Bequemlichkeit und Genußfreude solle auch der „kleine Mann" nicht entbehren müssen. Den Handwerkern und dem Gesinde allein die Entsagung auflegen zu wollen, wäre ungerecht und unklug. Wenn die Herrschaften und Brotherren, wie in der amtlichen Verfügung gefordert werde, ihrem Gesinde und Arbeitsleuten keinen Tee mehr zukommen lassen würden, so könnten diese mehr Lohn bedingen oder gar im benachbarten Holland Dienste annehmen. Außerdem: Ein guter Hauswirt müsse und könne Unordnung und Zeitverschwendung beim Teetrinken stets von sich aus in den Griff bekommen.

Die Kammer und die Regierung ließen sich von dieser beschwörenden Verteidigung immer noch nicht überzeugen. Sie kündigten weiterhin „Maßregeln" an. In der Praxis beließen sie es bei diesen leeren Drohungen, zumal sich die Stände bereit erklärten, die Angelegenheit im Mai 1780 noch einmal auf die Tagesordnung zu setzen. Mit dieser „goldenen Brücke" gaben sich die Verwaltungsbeamten am Ende offen-

sichtlich zufrieden. Unter ihnen befanden sich auch zahlreiche Ostfriesen, die schließlich froh waren, den „Teekrieg" einigermaßen ehrenvoll, wenn auch mit einer totalen Niederlage, beilegen zu können. In Wahrheit verspürten sie wohl auch selbst wenig Neigung, warmes Wasser mit aufgebrühten Ersatzkräutern zu schlürfen...
Der Historiker Onno Klopp zog später den Schlußstrich: „Der Kaffee sowie der Thee, dessen starker Verbrauch von allen damaligen preußischen Provinzen nur Ostfriesland eigenthümlich war, erhielten sich und bürgerten sich fest und fester ein in die Lebensgewohnheiten der Menschen. Die wichtige Bedeutung dieser Getränke als Ersatz der Spirituosen und darum als wesentliches Mittel zur Cultur und Gesittung scheint dem Könige Friedrich II. und seinen Kriegs- und Domainenkammern niemals aufgegangen zu sein. Es war ein Fortschritt wider den Willen Friedrich's II. und dennoch ein sehr großer und bedeutender."

Teeschmuggel

Nachdem der Preußenkönig seinen heute nur noch kurios anmutenden Teekrieg verloren hatte, verdarb schon kurz darauf, am Anfang des 19. Jahrhunderts, ein anderer Herrscher den Ostfriesen den ungestörten Teegenuß: Napoleon Bonaparte. Auf dem Höhepunkt des preußisch-französischen Krieges, elf Tage nach der Niederlage der preußischen Streitkräfte bei Jena und Auerstedt, setzten am 25. Oktober 1806 holländische Truppen auf Befehl ihres Königs Louis Bonaparte über die Ems und zogen in Leer ein. Kurz darauf marschierten sie nach Emden und Aurich. Ostfriesland wurde kampflos besetzt, denn die Preußen waren vorher abgezogen. Im Frieden zu Tilsit (1807) bestimmte Napoleon, daß das Land mit Jever, Varel und Knyphausen als 11. Departement dem Königreich Holland eingegliedert werden sollte. Zwei Jahre währte die niederländische Herrschaft, dann wurde Ostfriesland als „Departement der östlichen Ems" dem französischen Kaiserreich angeschlossen.
Die historische Rückblende mag nur auf den ersten Blick nichts mit Tee zu tun haben. Dennoch ist sie der Hintergrund für die schweren wirtschaftlichen Einbußen, die Napoleon den Ostfriesen als Folge der Kontinentalsperre zufügte. Frankreich wollte nach dem Sieg über die Festland-Großmächte Preußen, Österreich und Rußland nun seinen stärksten Gegner, England, in die Knie zwingen. England trieb während des Krieges einen regen Handel mit den nicht von Frankreich beherrschten Ländern des Festlandes. In den Häfen der Nord- und Ostsee lagen zahlreiche englische Schiffe vor Anker, die Kolonialwaren und Erzeugnisse der britischen Textil- und Eisenindustrie an Bord hatten. Napoleon versuchte, den Handel und Verkehr zwischen England und dem europäischen Kontinent zu unterbinden.
In eine Notlage brachten die Franzosen jedoch nicht die Briten, sondern die Bevölkerung an der deutschen Nordseeküste. Ohne einen besonderen, vom holländischen König unterzeichneten Erlaubnisschein durften Schiffe aus ostfriesischen oder niederländischen Häfen nicht aussegeln. Kontakte mit England und englischen Schiffen waren strengstens untersagt. Die Engländer hingegen rächten sich und brachten alle Fahrzeuge auf, die zwischen den unter französischer Kontrolle stehenden Anlaufplätzen verkehrten. Im Januar 1808 kam der Befehl, sämtliche Häfen des Königreichs Holland allen Handelsschiffen zu verschließen, „sie mögen Namen haben wie sie wollen und ohne alle Ausnahmen". Auslaufende Fischerboote mußten einen Soldaten an Bord nehmen. Das war nicht nur der Todesstoß für den ostfriesischen Seehandel, sondern auch ein spürbarer Eingriff in das gewohnte Alltagsleben. Textilien, Metallwaren, Kaffee und Zucker,

vor allem aber der begehrte Tee wurden Mangelwaren erster Ordnung. Weil der Bevölkerung zusätzlich drückende Steuerlasten auferlegt wurden, blieben als Ausweg nur Schmuggel und Schleichhandel.
Helgoland, das damals zum Königreich England gehörte, war das Schlaraffenland der ostfriesischen Schmuggelfahrer. Auf dem Stützpunkt im Meer stapelten sich britische Kolonial- und Fabrikwaren in Büros, Lagerhäusern und unter freiem Himmel. Bei Nacht und Nebel, oft unter Lebensgefahr, machten sich Fischer und Fahrensleute, Bürger und Bauern, Kaufleute und Handwerker, Frauen und Kinder von ostfriesischen Küstenorten und den Inseln aus auf die abenteuerliche Reise in Richtung Felseninsel — stets darauf bedacht, weder auf den Schleichpfaden zu den kleinen Sielhäfen noch im Wattenmeer von den holländischen Posten entdeckt zu werden. Nicht minder nervenaufreibend verlief die Rückfahrt. Bis in die Nähe der Inselkette begleiteten häufig englische Kriegsschiffe die friesische Schmuggelflotte. Dann waren die Deutschen auf sich gestellt. Lichtsignale und Ausguckposten wiesen und sicherten ihnen den Weg. Nach geglückter Landung wurden die Boote in gut eingespielter Teamarbeit gelöscht. In Kammern, Scheunen, Viehhütten und Gruben, hinter Büschen und im Freien fanden die Waren ein erstes sicheres Versteck.

18   *Teekessel. Messing mit Holzbügelgriff*

Der Transport landeinwärts — zu ostfriesischen Bestimmungsorten und nach Bremen, Hamburg, Leipzig und Frankfurt — war nicht minder gefahrvoll. Die Straßen waren streng bewacht. So mühten sich die Schmuggler, zu Fuß oder mit Pferdefuhrwerken, über Äcker, Weiden und abgelegene Wege. Gelegentlich gab es Zwischenfälle: Nicht holländische Soldaten, sondern ostfriesische Landsleute stellten sich ihnen in den Weg, durchsuchten sie und verlangten als Lohn für ihre Verschwiegenheit vor allem Tee, Kaffee und Zucker. Die Schleichhändler gaben die geforderten Waren, froh darüber, daß sie auf diese Weise nicht in die Maschen der Kontrolleure gerieten. Aber auch viele holländische Beamte und Wachtposten nutzten die Not der Ostfriesen und den blühenden Schleichhandel auf ihre Weise: Sie ließen sich bestechen und drückten oft stillschweigend ein Auge zu. Einige auswärtige Kaufleute wagten es sogar, in den Sielorten an Nordsee, Ems und Jade heimlich Kontore einzurichten. Zeitgenossen beklagten die mit der Korruption einhergehende „Sittenverderbnis", den „Verlust von Ehre, Zucht und Recht in jedem kleinen Ort". Die wirtschaftliche Notlage im Lande haben die Schmuggler nicht beheben können. Fest steht jedoch, daß viele Ostfriesen beträchtliche Gewinne machten. Die Preise für Tee und Kaffee kletterten in die Höhe. Für ein Pfund Tee verlangten die Verkäufer soviel wie für 15 1/2 Pfund Butter und für ein Pfund Kaffee soviel wie für 21 Pfund Rindfleisch; ein Pfund Kandis entsprach 22 Pfund Roggenbrot. Noch teurer wurden die Genußmittel, als die Franzosen 1810 die Niederländer in Ostfriesland ablösten und den Befehl Napoleons, englische Waren zu beschlagnahmen und öffentlich zu verbrennen, noch strenger als zuvor befolgten.

In neuen, verschärften Anordnungen wurde „jedwede Gemeinschaft mit den Engländern auf Helgoland ... als Verrat und Spionage angesehen" und der Kapitän eines Schmuggelschiffes mit der Todesstrafe bedroht. Waghalsige setzten den Schleichhandel fort und riskierten Kopf und Kragen.

Die Zeiten besserten sich, als Friedrich Wilhelm III., König von Preußen, zu Beginn der Befreiungskriege die Kontinentalsperre aufhob und die siebenjährige Fremdherrschaft im Lande zu Ende ging. Jetzt waren dem Teekonsum keine ernsthaften Grenzen mehr gesetzt — bis auf die in vergangenen Jahrzehnten oft als drückend empfundenen Steuer- und Zollasten und die beiden Weltkriege.

Aus dem Jahre 1846 liegt die aufschlußreiche Aussage eines ostfriesischen Kolonialwarenhändlers vor. Er berichtete dem preußischen Freiherrn Albert von Seld, der damals das Land bereiste und darüber schrieb, daß selbst die ärmste Tagelöhnerfamilie jährlich für zwanzig bis dreißig Taler Tee verbrauche. Dies habe zur Folge, daß er für alle übrigen Artikel seiner Handlung nicht so viel einnehme als für Tee allein, und daß diese Einnahme zum weitaus größten Teile aus den Händen der arbeitenden Klasse komme.

In einer Darstellung der wirtschaftlichen Lage im Jahre 1881 heißt es:

„Wie bedeutend der Theekonsum in Ostfriesland, besonders in dem westlichen Teil desselben, in Reiderland, Krummhörn und auf den Fehnen ist, geht schon daraus hervor, daß 1878 aus Amsterdam nach Ostfriesland allein 7876 Kwart-Kisten à 37 $^1/_2$ Kilogramm, nach Rußland 5686, nach Hamburg und Bremen 1415, nach dem ganzen übrigen Deutschland nur 115 Kisten ausgeführt wurden. Wenn auch von hier (Ostfriesland) kleine Qualitäten ins Innere Deutschlands versandt werden, da man dort mit gutem Grund die ostfriesischen Kaufleute für gute Theekenner hält, so werden doch mindestens 8000 Centner, also über ein Viertel des ganzen deutschen Verbrauchs, in Ostfriesland konsumiert." Die Hauptstapelplätze für Tee waren in jener Zeit Emden und Leer, die Bezugsquellen von Javatee Amsterdam und Rotterdam, von chinesischem und indischem Tee der bedeutende Umschlag- und Auktionsplatz London.

Tee-Debatte im Reichstag

„Im Getümmel der Zollkämpfe ist es nicht genügend zur allseitigen Kenntnis gekommen, wie unverhältnismäßig stark unsere Landschaft von der Erhöhung des Teezolls zu leiden hat. Etwa ein Viertel des ganzen Teekonsums Deutschlands fällt auf Ostfriesland. Während seither Tee per hundert Kilogramm nur mit 48 Mark besteuert war, ist in der Reichstagssitzung vom 5. Juli nach dem Antrag der Kommission derselbst auf hundert Mark per hundert Kilogramm erhöht, mithin eine Mehrbelastung dieses seit Jahrhunderten hier in der Provinz eingebürgerten und unentbehrlichen Genußmittels von 52 Mark."
Die Anklage richtete eine ostfriesische Lokalzeitung am 16. Juli 1879 an die Adresse der konservativ-klerikalen Partei, die mit ihrer Stimmenmehrheit im Parlament die Steuer für das weitverbreitete Volksgetränk verdoppelt hatte. Vergeblich seien die norddeutschen Abgeordneten, unter ihnen der Ostfriese Jan ten Doornkaat-Koolman, mit aller Beredsamkeit gegen eine solche enorme Belastung aufgetreten, die fast ausschließlich Ostfriesland und die Westküste Schleswig-Holsteins treffe. „Die Folge wird sein, daß an der holländischen Grenze in Zukunft ein ausgedehnter Schmuggelhandel betrieben wird," prophezeite das Blatt. Die Holländer erhoben auf Tee und Kaffee keinen Zoll. Die Befürworter der erhöhten Abgabe meinten, daß der Tee „in dem größten Teil Deutschlands nicht eines jener Genußmittel ist, welches die ärmsten Klassen genießen". Auch wenn man berücksichtige, daß die Dinge in Ostfriesland anders zu betrachten seien, könne man „nur das Allgemeine im Auge haben". Die Politiker, die gegenteiliger Meinung waren, erlitten eine Abstimmungsniederlage, verbuchten jedoch einen ideellen Erfolg: Das hohe Haus befaßte sich — wohl erstmalig — mit dem Teetrinken in Ostfriesland. Die Abgeordneten sagten unter anderem:
Dr. Karsten: „Sie belasten zu Gunsten des übrigen Deutschlands diesen kleinen Landstrich mit einer ganz extravaganten Steuer. Der Betrag derselben wird für Ostfriesland und die Westküste Schleswig-Holsteins etwa 300 000 Mark ausmachen... Der zweite der Übelstände ist, daß Sie hier einen enorm hohen Preis aussetzen auf den Schmuggelhandel. Ein Boot, welches 2000 Kilogramm einnimmt, ist gar nicht sehr groß und sehr geeignet, in die kleinen Kanäle der Elbe und in die Priele der Wattendistrikte einzulaufen, wo, wenn Sie diesen Schmuggelhandel verhindern wollen, Sie eine sehr ansehnliche Flotte ausrüsten müssen..."
Richter: „Es liegen hier in der Tat ganz besondere Verhältnisse vor. Ich könnte mich hier im Hause auf einzelne Kollegen berufen, die uns

versichern, daß die Verhältnisse in Ostfriesland es gebieten, eine große Menge Tee zu konsumieren zum Ersatz für das schlechte Trinkwasser (Sehr richtig! — Zuruf von links). Auf jede Familie dort kommen jährlich 25 Pfund Tee, und zwar in einer ganz gewöhnlichen Arbeiterfamilie, die nur drei Mark Klassensteuer bezahlt. Herr von Bennigsen hat uns in der Kommission mitgeteilt, daß er, als er sich in jener Gegend längere Zeit aufhielt, auch die Wahrnehmung gemacht hat, daß man dort in jedem Bauernhause, wo man es nach seinen sonstigen Verhältnissen gar nicht erwarten kann, zu jeder Tageszeit einen guten Tee bekommen kann, weil die Leute statt des Wassers dies als gewöhnlichen Genuß haben müssen (Zuruf: Sehr richtig!)."

Doornkaat-Koolman (Norden): „Meine Herren, ich wollte nur bestätigen, daß gerade in Ostfriesland sehr viel Tee gebraucht wird, weil die Verhältnisse dazu führen, daß wegen der schlechten Beschaffenheit des Wassers sehr viel Tee benötigt werden muß, und soviel ich weiß, wird der dritte Teil des ganzen Teeimports allein in Ostfriesland eingeführt (Zuruf von links: Ganz richtig)."

Warum trinken die Ostfriesen Tee?

Für die Ostfriesen und ihren Tee hat das Wasser von Anfang an eine wichtige, wenn auch nicht allein entscheidende Rolle gespielt. Die ausreichende Versorgung mit einwandfreiem Trink- und Gebrauchswasser in den ländlichen Gebieten Ostfrieslands war bis vor wenigen Jahrzehnten problematisch. Selbst auf der Geest mit ihren relativ günstigen Grundwasserverhältnissen verursachten die mangelhafte Abdichtung der Sod- und Rohrbrunnen und die Verschmutzung des Wassers durch tierische und pflanzliche Relikte häufig einen muffigen Geruch. In vielen Moorgegenden war das unangenehm riechende, oft gelbbraun verfärbte Grundwasser wegen seines hohen Gehaltes an organischen Stoffen und Eisen kaum genießbar. In der Marsch klagte man über extrem hartes, salzig und bitter schmeckendes, milchig und schmutzig aussehendes Grundwasser. Was Ostfrieslands Boden an ergiebigem und wohlmundendem Naß nicht hergab, mußten sich die Bewohner „vom Himmel holen". Vor allem in der Marsch und im Moor lernten sie frühzeitig, das Regenwasser zunächst in offenen Gruben und primitiv ausgepflasterten Löchern, später in Tonnen oder Regenbacken (Zisternen) aufzufangen. Ärmere Haushaltungen, die keine Zisternen besaßen, waren oft gezwungen, ihren Wasserbedarf im Sommer aus Flüssen, Kanälen oder Gräben und im Winter durch Schneeschmelzen zu decken.
Über die „Wohn- und Wasserverhältnisse des Kreises Leer" schrieb Arend Lang im Jahre 1936, daß die Zisternen in den weitaus meisten Fällen nicht vor Verunreinigungen geschützt waren: „Häufig fehlt sogar ein primitives Sieb, so daß bei der Reinigung dieser Zisternen sich dann auf dem Boden große Schichten abgesetzten Schlammes, gar nicht so selten tote Ratten, Mäuse, Vögel oder Katzen vorfinden... Im Sommer trübt sich... regelmäßig das Wasser, es blüht und gerät in Gärung. Diese Fäulnisprozesse erwirken häufig starke Gasbildung, und das ohnehin fade Wasser erhält einen äußerst üblen fauligen Geruch."
Im allgemeinen konnte man deshalb selbst das Regenwasser nur in abgekochtem oder in „verarbeitetem" Zustand – als Bier und später als Tee – genießen. Vorteilhaft war, daß sich das weiche Regenwasser vor allem für die Teezubereitung als ideal erwies. Einige leidenschaftliche Teetrinker in Ostfriesland schwören heute noch darauf und fangen trotz guter Versorgung durch Wasserwerke für ihr „Koppke Tee" immer noch Regentropfen auf.
Die zum Teil katastrophalen Wasserverhälnisse förderten in der Vergangenheit zahlreiche Krankheiten. Epidemieartig verbreitete sich während der Sommermonate vor allem der Paratyphus B, im Volks-

mund „Marschfieber" genannt. Zwischen der Wasserqualität, den Erkrankungen und dem hohen Teeverbrauch sah der Leerer Medizinalrat Buurman einen direkten Zusammenhang, als er 1934 in einem Gutachten schrieb:
„Wir haben hier soviel Paratyphuserkrankungen wie wohl kaum in einem anderen Regierungsbezirk Preußens. Der Ostfriese hat schon vor dem Ausbau der bakteriologischen Untersuchungsmethoden instinktmäßig gefühlt, daß die vielen Darmerkrankungen in irgendeiner Weise mit dem schlechten Trinkwasser in Verbindung stehen. Daher hat er seinen Bedarf ... außerordentlich eingeschränkt und ist dazu übergegangen, gekochtes Wasser zu trinken. Da abgekochtes Wasser aber viel zu fade schmeckt, setzte er Tee hinzu, und damit war praktisch die Frage gelöst, in welcher Form dem Körper die unbedingt erforderlichen Flüssigkeitsmengen zugeführt werden mußten."
Warnend zog daraus das Staatliche Gesundheitsamt Leer in einem Gutachten für den Auricher Regierungspräsidenten im Februar 1937 die Schlußfolgerung: „Bei einer fühlbaren Schmälerung des Teekontingents wird die Gesundheit der Bevölkerung erheblich gefährdet und die Zahl der Magen- und Darmkrankheiten sowie der Paratyphusfälle im Regierungsbezirk Aurich in die Höhe schnellen, sofern es nicht gelingt, entweder für den Tee einen in allen Punkten gleichwertigen Ersatz zu finden oder aber die Wasserversorgung der Dörfer grundlegend den hygienischen Bedürfnissen entsprechend zu ändern."
Der Norder Sanitätsrat Köppen verfaßte im Oktober 1939 ein Gutachten, das einen weiteren „natürlichen" Grund für den starken Teeverbrauch in Ostfriesland nannte: das Klima. Er schrieb: „Das ostfriesische Klima ist ausgezeichnet durch hohe mittlere Feuchtigkeit bei allgemein kühler Luft und durch eine relativ starke Bewegung dieser Luft. Durch diese Verhältnisse werden dem menschlichen Körper große Wärmemengen entzogen, und die Luftfeuchtigkeit läßt den Menschen dieses besonders stark empfinden. Instinktiv sucht er die Wärmeentziehung durch Anpassung aller Art, wie zum Beispiel Ernährung durch größere Fettmengen, Wahl der Kleidung usw. auszugleichen. Dennoch reicht auch dieses nicht aus; der Bewohner Ostfrieslands griff zu Getränken, die ihm den Kampf gegen Wasser und Kälte erleichtern sollten: Alkohol und Tee. Bei der im Laufe der Zeit immer mehr zunehmenden Ablehnung des Alkohols versuchte der Ostfriese andere Genußmittel, die ihm das rauhe Klima erträglicher machen und die Schaffensfreude steigern sollten. Er fand sie bekanntlich im Tee. Zwar sollte man annehmen, daß auch der echte Kaffee den gleichen gewünschten Zweck erfüllt, doch haften ihm Schädlichkeiten an, welche ihn als dauerndes Volksgetränk, besonders dort, wo auch eine erhöhte körperliche Leistungsfähigkeit verlangt wird, ungeeignet machen. Tee ist nicht nur geeignet, das Frieren des Menschen zu verhindern, er verhindert auch durch seine allgemein anregende Eigenschaft die gesundheitsschädigende Einwirkung der kalten Luft, vor allem in erheblichem Maße Erkältungskrankheiten. Fremde, die zu

längerem Aufenthalt nach Ostfriesland kommen und anfangs oft das ostfriesische Volksgetränk ablehnen, greifen nach einiger Zeit in den allermeisten Fällen zum regelmäßigen Teegenuß und entbehren ihn beim Fehlen genau wie der eingeborene Ostfriese."

Freilich haben nicht nur Wasserverhältnisse und Klima, sondern auch die geographische Lage der „Halbinsel" Ostfriesland die eigenständige, eigenwillige Teekultur begünstigt und über Jahrhunderte bewahrt. Das Wattenmeer an der Seeseite, der Dollart im Südwesten, der Jadebusen im Osten und ein breiter, verkehrsfeindlicher Moorgürtel im Süden grenzten das Land in der Vergangenheit weitgehend gegen die Außenwelt und fremde Einflüsse ab. Die Abgeschiedenheit prägte die Menschen und förderte zugleich Traditionen und Besonderheiten.

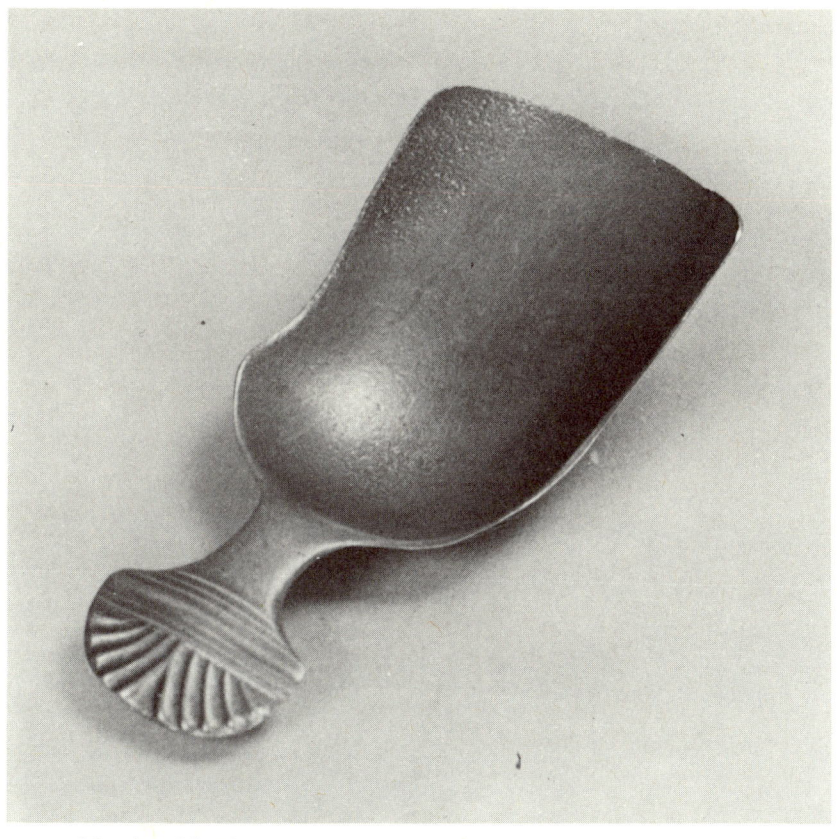

19   Teeschaufel. Zinn   ca. 1820

20 Tablett mit Teedose und Stövchen. Messing   ca. 1930

Die ostfriesische Teestunde

Während sich in aller Welt die Teefreunde an einer Fülle von variationsreichen Rezepten begeistern, sind die Ostfriesen einer Zubereitungsart treu geblieben. Der Teepunsch ihrer nordfriesischen Nachbarn ist ihnen ebenso fremd wie der Teegrog der Amerikaner. Selbst die ihnen fälschlicherweise angedichteten Phantasieprodukte wie „Eistee nach Ostfriesenart" oder „Ostfriesische Teecreme" sind „Deutschlands Teetrinkern Nr. 1" (Werbespruch) nicht einmal vom Hörensagen bekannt. Die Ostfriesen bereiten Tee nach folgenden Grundregeln:

1. Sie verwenden stets dieselbe Kanne („Teepott" oder „Treckpott, Treppott"). Fremdes Aroma beeinträchtigt den Genuß, daher darf die Kanne beim Abwaschen nur mit lauwarmem Wasser, niemals jedoch mit Spülmitteln gesäubert werden. Die sich mit der Zeit bildende bräunliche „Patina" fördert eher den Geschmack als daß sie ihn stört. Bevor der Tee angesetzt wird, sollte die Kanne noch einmal heiß ausgespült werden. Das Aroma kann sich besser entfalten, wenn der Tee durch die kalte Kanne keinen „Schreck" bekommt.

2. In Ostfriesland wird ein gehäufter Teelöffel oder eine gestrichen volle Teeschaufel pro Person genommen („Trecksel"); wer es besonders gut meint, gibt noch einen Löffel „für die Kanne" hinzu. Bei einer normal großen Kanne genügt diese Menge für drei kleine ostfriesische Tassen pro Person. Der Tee wird recht stark, deshalb läßt sich meistens ein guter zweiter Aufguß bereiten, wenn beim ersten Ausschenken das Wasser von den Blättern nicht völlig abgegossen wird. Das sind allgemeine Angaben. Hinzu kommen Augenmaß und Erfahrung.

3. Aus dem Teekessel („Teeketel", „Waterketel") wird frisches, kurz sprudelnd aufkochendes Wasser über die Blätter gegossen.

4. Ostfriesen, die Tee in altgewohnter Weise (ohne Beutel oder Einsatzsieb) bereiten, gießen etwa zwei bis drei Finger hoch kochendes Wasser auf die Blätter und lassen den Aufguß — auf einem Stövchen warmgehalten — höchstens fünf Minuten ziehen. Nach etwa drei Minuten Ziehdauer hat Tee eine belebende, nach vier bis fünf Minuten eine beruhigende Wirkung. Danach wird soviel Wasser nachgegossen, wie man Tassen bereiten will. Um den vollen Teegenuß zu bewahren, sollte das Teelicht im Stövchen nach spätestens 10 Minuten gelöscht werden. Eine leere Teekanne verträgt die Hitze der Kerze nicht, sie zerspringt.

5. Wer sich Zeit läßt, gießt den Tee nach dem Ziehen in eine erwärmte Servierkanne; er kann nicht nachziehen und wird nicht bitter. Der alte ostfriesische Brauch, Tee in einer Kanne aufzugießen, ist ver-

mutlich ein Überbleibsel aus wirtschaftlich schlechten Zeiten: Man besaß eben nur einen „Treckpott".

6. Die (nach landesüblicher Art möglichst kleine) Teetasse wird gewöhnlich nur dreiviertelvoll gefüllt. Ein großer Behälter, dessen Inhalt beinahe überschwappt, entspricht nicht den ostfriesischen Vorstellungen von echtem Teegenuß. Üblich ist, daß die Hausfrau die Blume des ersten Aufgusses gleichmäßig verteilt: Sie füllt die Tassen zunächst nur bis zu einem Drittel und gießt dann nach. Aufmerksame Hausfrauen gießen den ersten, etwas blassen Abguß aus der Kanne in die eigene Tasse und geben sich zuletzt auch selbst noch einen kräftigen „Schuß" hinzu.

Hausfrauen, die zum täglichen Gebrauch kein Stövchen verwendeten oder keines besaßen, setzten früher den Wasserkessel zwischen die Ringe der Herdplatte, nahmen den Deckel ab und ließen den Tee in der Kanne auf dem Kessel ziehen. Auf modernen Elektroplatten verfahren manche Ostfriesen heute noch so. Kenner schwören darauf, daß der Wasserdampf aus dem Kessel während der Ziehdauer gerade die richtige Wärme abgibt und praktisch die Kanne umstreicht. Gelegentlich verwendet man auch heute noch Teekannen mit einem verstärkten Boden; sie sind hitzefest und können zum Ziehen direkt auf die Ofenplatte gestellt werden.

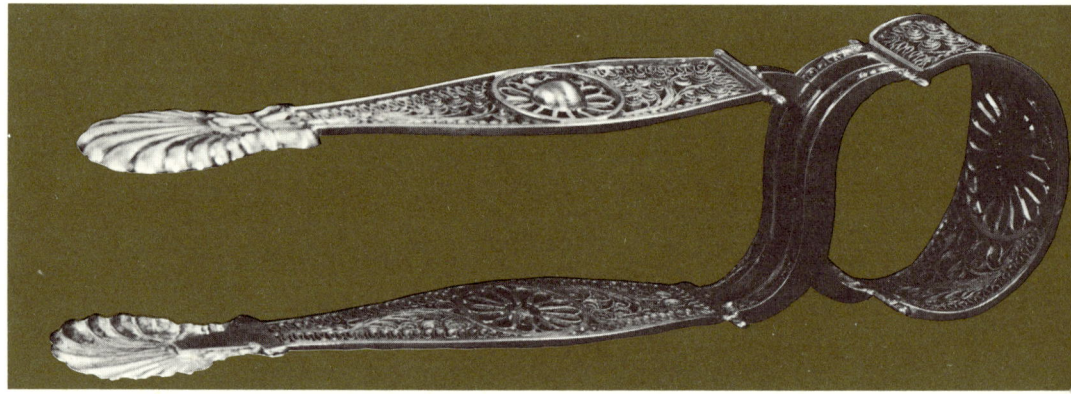

21   Gebäck- und Kluntjezange. Silberfiligran   2. H. 19. Jhdt

Für die Einstufung von Wasser gibt es die Deutschen Härtegrade, die den Gehalt an Karbonat- und Nicht-Karbonathärten zusammenfassen. Karbonathärten und hoher Eisengehalt sind die Feinde des Tees. Der Gehalt an anderen Mineralien spielt eine untergeordnete Rolle. Ungünstig ist stark gechlortes Wasser. Chlor ist flüchtig, so daß es bei längerem Kochen entweicht. Die meisten Wasserwerke haben in den vergangenen Jahren die Chlorbeigabe reduziert. Stößt man auf stärker gechlortes Wasser, sollte man längeres Kochen getrost in Kauf nehmen, auch wenn das Wasser etwas von seiner Frische verliert.

Regenwasser hat sehr niedrige Härtegrade. Als Faustregel gilt, daß jedes Wasser bis zu zehn Härtegraden für den Teegenuß „sehr gut" bis „ausgezeichnet" ist. Auch in Wasser von zehn bis zwanzig Härtegraden können sich die Eigenschaften des Tees weitgehend entfalten, doch es hat wenig Sinn, viel Geld für hocharomatische Sorten auszugeben, da sich ein subtiles Aroma nur begrenzt in der Kanne entwickeln kann. Hartes Wasser verlangt kräftigen, vollen Tee, der sich gegen den meist hohen Gehalt an Kalziumoxyd durchsetzt. Hartes und auch eisenhaltiges Wasser gibt dem Tee eine dunkle Farbe. Teesorten aus unterschiedlichen Anbaugebieten färben unterschiedlich stark. Extreme Härtegrade lassen sich „besänftigen": Man unterbricht kurz den Kochprozeß, gießt einen Schuß Kaltwasser hinzu und setzt den Kessel erneut auf die Herdplatte.

Der Oldenburgisch-Ostfriesische Wasserverband und die örtlichen Werke bemühen sich um ein gutes, möglichst weiches und in seiner Qualität gleichbleibendes „Teewasser". Die gezielte biologische Aufbereitung in einigen „Problemgebieten" läßt inzwischen Klagen über einen als unangenehm empfundenen Beigeschmack vergessen.

Wasser-Härtegrade
in einigen ostfriesischen und oldenburgischen Orten:

Norden:	6	Jever:	4
Leer:	9	Varel:	10
Emden:	11	Oldenburg:	3—13
Harlingerland:	4	Nordenham:	5
Esens:	6,6	Wilhelmshaven:	4—6

In anderen Orten

Bremen:	6—18,5	Göttingen:	26
Bremerhaven:	5,4—9	Bonn:	5
Cuxhaven:	7	Kassel:	7—25
Hannover:	13—27	Köln:	25
Hamburg:	9—17	Mainz:	15—32
Osnabrück:	22	München:	14
Berlin-West:	11—18	Stuttgart:	10—34
Dortmund:	7	Wuppertal:	12
Frankfurt/Main:	2—29	Wiesbaden:	4—24

(Viele Städte beziehen ihr Gebrauchswasser aus verschiedenen Quellen; dadurch kommt es zu sehr unterschiedlichen Qualitäten und Härtegraden.)

Zubereitung und weiches Wasser tun es nicht allein. Was wäre „'n lecker Koppke Tee" ohne Kandis („Kluntje" oder „Klumpke") und Sahne („Roos", „Wulkje", „Rohm" oder „Blöm"). Die Zutaten sind unerläßlich, ohne sie ist eine Teestunde in Ostfriesland undenkbar. Der Kluntje, sagt man, süßt „sauberer" als feiner Zucker. Wenn der durch ein Sieb gegossene Tee auf den Kandis trifft, klingt das Knacken und Knistern wie feine Musik, wie eine Einstimmung. Als Kandis noch in unterschiedlichen Größen hergestellt wurde, erhielten Besucher oder ältere Hausbewohner oft ein besonders dickes Stück, dessen Spitze wie ein Eisberg über den Teespiegel hinausragte („Se meen dat goot mit Opa, de Kluntje keek baven to de Tee ut"). Und dann die Sahne: Sie ist das i-Tüpfelchen, rundet den Geschmack ab und macht das Getränk für die ostfriesische Zunge genießbar. In nahezu allen Haushaltungen war es früher üblich, Schalen mit Vollmilch in kühlen Räumen aufzustellen, um nach etwa zwölf Stunden die Sahne abzuschöpfen. Als „geschmackvoll" galt auch die Schafsmilch, „blot um de Teemelk" hielten sich manche Bauern ein Milchschaf. Im Gegensatz zu ihren Landsleuten auf dem Festland tranken viele Insulaner den Tee pur — und zwar zu jener Zeit, als Kühe und Schafe auf den Eilanden zur Milchversorgung nicht ausreichten. Heute gibt es Sahne in fertigen Packungen, Dosenmilch ist verpönt.

22   Geschirr „Dresmer Blau". Wallendorf

23   Geschirr „Füllhorn Dekor". Wallendorf

Der Umgang mit Sahne ist eine Wissenschaft für sich. Schaudernd wendet sich der Teekenner ab, wenn er beobachtet, daß jemand einen kräftigen Schuß Rahm gedankenlos in die Tasse schüttet. Der Kunstgriff der ostfriesischen Hausfrau sieht so aus: Vorsichtig schöpft sie die Sahne mit einem „Rohm"- oder „Melklepel" aus einem Gefäß und läßt sie behutsam und ringförmig auf den Teespiegel gleiten. Die dickflüssige Schicht breitet sich langsam aus und entfaltet sich wie ein zartes, weißes Wölkchen. Weil Emder und Norder vermutlich die Praxis zu einer Meisterschaft entwickelten, spricht man heute noch von einem „Emder" oder „Nörder Wulkje". Ein Tip: Bevor der Sahnelöffel das erstemal benutzt wird, sollte man ihn in den heißen Tee hineintauchen, damit die dicke Flüssigkeit besser rutscht und nicht am Löffel kleben bleibt. Der Stiel eines Sahnelöffels muß so gebogen sein, daß er an den Rand des Sahnegefäßes gehängt werden kann.
Jetzt kann der Tee getrunken werden. Für Fachleute unter den ostfriesischen „Tee-ologen" und für Volkskundler gibt es nach wie vor nur eine goldene Regel: Ein Teetrinker genießt die Köstlichkeit heiß oder nur „zungengerecht" abgekühlt — und zwar zuerst das reine Tee-Aroma, dann die vollmundige Harmonie von Tee und Sahne und

zum Schluß das Süße. Wer das Getränk umrührt, also Tee, Sahne und Kandis vermengt, gilt als linkisch, unfein oder als Fremder. Weil der Brauch nicht mehr überall befolgt wird oder bekannt ist, müßte man sehr viele Bewohner Ostfrieslands als „linkisch" oder „unfein" bezeichnen. Das wäre natürlich unsinnig. So sollte man einen Kompromiß schließen und beide Arten des Teegenusses gelten lassen. Es ist auffällig, daß viele Ostfriesen die Teetasse in wenigen großen Zügen leeren; behutsames Nippen ist nicht ihre Art. Vielleicht möchte auch mancher Teetrinker die zu starke Süße eines großen, für mehrere Tassen ausreichenden Kluntje vermeiden.

Wie in England, kümmert sich auch in Ostfriesland die Hausfrau im allgemeinen um den Tee, vom Zubereiten bis zum Servieren. Manche Besucher empfinden es als kränkend, wenn sie sich nicht selbst bemüht. Man beurteilt hausfrauliche Fähigkeiten und charakterliche Eigenschaften nach der Art der Teezubereitung. Wer die Kunst beherrscht, dem Gast von der ersten bis zur dritten Tasse einen herzhaften „krüdigen" Tee zu servieren, genießt einen besonders guten Ruf, gilt als aufmerksam und großzügig. Hausfrauen, die ihren Besuchern einen

24   Geschirr „Rose und Vergißmeinnicht". Tettau

schwachen, lieblos zubereiteten oder mehrfach verlängerten Aufguß vorsetzen, müssen sich manches nachsagen lassen: Geiz, Nachlässigkeit, Unordnung. Ihr Tee ist „Offsupsel", „Kuchelwater", „Blaulint" oder „Babbel(gütje)water" (siehe auch: Tee, Kandis, Sahne und Gebäck im Volksmund).

Durchweg, vor allem auf dem Lande, wird der Tee in der Küche aufgebrüht und meistens auch eingeschenkt. Für jede Tasse, die nachgereicht wird, geht die Hausfrau in die Küche, wo das Getränk auf dem Teekessel zieht, oder zu einem Schenktisch im Wohnzimmer (neuerdings auch Teewagen), wo die Kanne auf dem Stövchen steht. Familienangehörigen und Besuchern reicht sie die gefüllten Tassen von einem Tablett. Für die zweite Runde sammelt sie, bei sich beginnend, die Obertassen im Uhrzeigersinn ein. „Dreemal is Ostfreesenrecht" oder „Dree Tassen hören dar to" — das heißt: drei Tassen sind nach herkömmlicher Sitte üblich. Danach darf gedankt werden. Es ist ein Verstoß gegen die gute Sitte, wenn der Gast schon nach der ersten bzw. zweiten Tasse dankt, es sei denn, er hat einen besonderen Grund. Früher, als man Teelöffel seltener verwendete, drehte man die Obertasse um oder kippte sie zur Seite, heute legt man den Löffel in die Tasse und zeigt so, daß man genug getrunken hat.

Das Geheimzeichen der — angeblich wortkargen — Ostfriesen sollten sich auch landfremde Gäste merken, allein deshalb, weil die besorgte Hausfrau sonst immer wieder nachschenkt. So mancher Unkundige ist auf die Weise ungewollt in den Genuß von acht bis zehn Tassen gekommen ...

Es ist schon so: Die gute Tasse Tee ist das besondere Zeichen ostfriesischer Gastlichkeit, ein Ausdruck der Zuneigung, des Wohlwollens, der Reverenz vor dem Besucher. Wer am Küchentisch, am Arbeitsplatz oder in der besten Stube „'n Koppke" vorgesetzt bekommt, darf sich geehrt fühlen und ein wenig stolz darauf sein.

Selbst eilige Zeitgenossen, denen der Terminkalender im Nacken sitzt, sollten beschwichtigende Sätze wie „Water suust all" oder „Water is all in't Kaak" nicht achtlos überhören. Der Fehler, den guten Ton der Ostfriesen zu verletzen, ist so rasch nicht wieder gutzumachen. Wenn der Tee serviert ist, wird eine Schale mit Gebäck herumgereicht. Man nimmt sich ein bis zwei Stücke und legt sie auf einen Konfektteller oder auf die Untertasse. Bei besonderen Anlässen gibt es auch Torte. Zur ersten Tasse wird im allgemeinen nichts gegessen, denn der Ostfriese probiert „'n lecker Koppke Tee" zunächst gern ohne fremden Beigeschmack.

Mancher Brauch gehört längst der Vergangenheit an. Sparsame („sünige") Ostfriesen kamen früher mehrere Teezeiten, ja mehrere Tage lang mit einem einzigen Stück Kandis aus. Bevor sie die Tasse zum Munde führten, legten sie den Kluntje jeweils nur für wenige Sekunden auf die Zunge, ließen den Tee darüber rinnen, nahmen den Kluntje wieder aus dem Mund und verwahrten ihn bis zum nächsten „Koppke" auf der Untertasse („Schöddelke").

Das relativ hohe „Schöddelke" war — auch in vornehmeren Haushalten — mehr als ein Untersatz: Wenn der Tee zu heiß war, goß man das Getränk aus dem (zunächst noch henkellosen) Koppke in die Untertasse und „slubberte" es mit Genuß hinunter. So erklärt sich, daß die Löffel nicht auf die Untertasse, sondern einfach auf den Tisch oder in Löffelkörbchen oder -schalen aus Zinn oder Silber gelegt wurden. In vielen, vor allem einfachen ostfriesischen Familien waren Teelöffel lange Zeit nicht üblich; man reichte sie manchmal Besuchern. In vornehmeren Häusern wurden sie seit der Mitte des 18. Jahrhunderts für die Beigabe von Kandis oder Zucker verwendet.

Es ist nicht mehr üblich, Bauern und Landarbeitern Tee in Zinnkesseln oder Steinkrügen aufs Feld zu bringen oder mit Kluntje und Sahne auf dem Herd warmzuhalten. Dagegen ist es heute noch selbstverständliche Höflichkeit, den im Hause beschäftigten Handwerkern in der Küche oder am Arbeitsplatz Tee zu servieren. Der Hollener Pastor und Volkskundler Jan van Dieken beschrieb eine keinesfalls ungewöhnliche Szene aus der Zeit um die Jahrhundertwende: „Wenn in meinem Elternhaus Landarbeiter zum Tee gebeten wurden, zogen sie ihre Holzschuhe draußen aus und kamen auf Strümpfen in die Stube. Die Tabaksbällchen, auf denen sie herumkauten, nahmen sie schon im Garten aus dem Munde und legten sie in eine Baumgabel oder auf ein Fensterbrett...".

Noch nach 1945 war es in den Schulen der Marschdörfer Brauch, daß in der großen Pause Lehrer und Schüler nach Hause gingen, um Tee zu trinken. Schüler, die wegen der weiten Wege das Elternhaus nicht aufsuchen konnten, hatten zumeist ein nahegelegenes „Absteigequartier", in dem sie sich gegen ein geringes Entgelt mit Tee stärkten.

Ähnliche Erfrischungspausen mag es zwar nicht mehr geben, weil sich die Lebensverhältnisse geändert haben. Dennoch gehört die „Teetiet" außerhalb der eigenen vier Wände heute noch zur ostfriesischen Tagesordnung — in den Lehrerzimmern vieler Schulen, in Behörden und Betrieben. Sich während der Arbeitspause beim Tee zu entspannen, ist seit den fünfziger Jahren allgemein üblich geworden. Kleine Teeküchen gibt es in Firmenhäusern, Lehranstalten und in kirchlichen Gemeindehäusern. Zum „Elführtje" wird nicht selten als Zugabe ein appetitanregendes Schnäpschen gereicht.

Muß noch erwähnt werden, daß das „Nationalgetränk" bei allen freudigen Familienereignissen, aber auch bei traurigen Anlässen, eine wichtige Rolle spielt? Immer mehr hat sich der Brauch eingebürgert, daß die Angehörigen und ein Kreis von Trauergästen nach einer Beerdigung in einer Gaststätte in Friedhofsnähe Tee und Butterkuchen zu sich nehmen. Tee ist die symbolische „Brücke" zwischen Trauerfeier und Alltag.

Apropos Gaststätte: In Teestuben, gut geführten Cafés, Hotels und Gasthöfen innerhalb und zuweilen auch außerhalb des Landes wird „'n lecker Koppke" auf Wunsch „echt ostfriesisch" serviert.

Waschechte „Butenostfreesen", die in der Fremde ihre Abstammung nicht verleugnen können und wollen, sind darauf nicht angewiesen. Sie setzen „draußen" die heimatliche Tradition in ihrem neuen Lebensbereich fort und gönnen sich wenigstens einmal am Tag eine Teezeit. Teetrinken à la Ostfriesland wirkt ansteckend. Viele Urlauber, die es einmal im Lande kennenlernten, mögen es auch zu Hause nicht missen.

Konrad Adenauer, der erste Regierungschef der Bundesrepublik, legte auf guten Tee größten Wert. Im Bonner Bundeskanzleramt bereitete eine Ostpreußin das Getränk auf ostfriesische Art: Sie bedeckte den Tee zunächst mit wenig Wasser, ließ den Aufguß etwas ziehen und füllte dann nach. Adenauer trank Tee meist ungesüßt. Auf der Heimfahrt von Bonn nach seinem Wohnsitz Rhöndorf ließ sich der Kanzler stets eine Kanne mit Wasser aus einer Talsperre in der Eifel mitbringen, weil die Qualität des Rhöndorfer „Teewassers" nicht seinen Wünschen entsprach.

Es gibt keine feste, allgemeingültige Einteilung der ostfriesischen Teezeiten. Sie können in ländlichen und städtischen Bereichen unterschiedlich sein und in einzelnen Landstrichen voneinander abweichen. Richtig ist, daß sich die Tagesarbeit in vielen bäuerlichen Betrieben heute noch nach festen Terminen „för 'n lecker Koppke Tee" richtet. Falsch ist die pauschale Behauptung, daß alle Bewohner Ostfrieslands stets und ständig frisches Teewasser parat halten und von morgens bis abends ihr Nationalgetränk schlürfen.

Bei einer normalen Tageseinteilung werden vier Teepausen („Teetieden") eingelegt: morgens nach dem Aufstehen, vormittags um zehn

25 Teelöffel. Silber 19. Jhdt

oder elf Uhr („Elführtje"), nachmittags um 15 Uhr und am frühen Abend oder zwischen 20 und 21 Uhr. Eine Einladung zur „Teetiet" ohne nähere Zeitangabe heißt, daß man um 15 Uhr erwartet wird. In den meisten Familien ist das abendliche Teetrinken von der Tagesordnung abgesetzt. Zum Fernsehen lassen sich ein paar Flaschen Bier und Knabbergebäck rascher servieren. Daß sich einige Unentwegte kurz vor dem Schlafengehen noch ein „Koppke" gönnen, ist keine Mär.

Hier mag das Beispiel einer Uplengener Bauernfamilie stehen, die seit Generationen die üblichen „Teezeiten" bis heute strikt einhält: Gegen sechs Uhr morgens gibt es die ersten drei Tassen. Um sieben Uhr folgt das eigentliche Frühstück mit Milchsuppe und einigen Scheiben Schwarzbrot. Um zehn Uhr trifft sich die Familie — und wer sonst im Hause mitarbeitet oder zu Besuch weilt — zum zweiten Frühstück bei Tee und Brot. Nach dem Mittagessen um zwölf und einer kurzen Ruhepause folgt der Nachmittagstee gegen 14 Uhr. Der Vespertee mit Weißbrot, Rosinenbrot oder Milchbrötchen wird um 17 Uhr bereitet. Nach dem Abendbrot mit Bratkartoffeln, Milchsuppe und Schwarzbrot klingt der Tag gegen 21 Uhr mit der „schönsten Teestunde" aus.
Als Kavaliere unter den ostfriesischen Männern galten früher die Seeleute, wenn sie sich für kurze Zeit zu Hause aufhielten: Sie standen frühmorgens als erste auf, setzten einen kräftigen Morgentee an und brachten ihn der Hausfrau ans Bett. In manchen Haushalten ist dieser Brauch auch heute noch üblich. Selbstverständlich lassen sich auch Ehemänner gern mit einem herzhaften, am Bett servierten Tee aus dem Morgenschlaf wecken; auch Schulkinder und Übernachtungsgäste werden gelegentlich derart verwöhnt.
In vielen ostfriesischen Familien legt man Wert auf ein „Eigentumsrecht" an einer bestimmten Tasse; unterschiedliche Muster und Formen sollen vor einer Verwechslung bewahren. Nur an Feiertagen, bei Besuch und festlichen Gelegenheiten werden das „gute Geschirr" mit möglichst gleich aussehenden Tassen und Kuchentellern und das „bessere" Besteck aus dem Schrank geholt. (För sönndaags hebben wi noch moj ollerweltsk Teegood). Gäste ehrt man bewußt durch die Wahl des Geschirrs und des Zubehörs. Die zumeist silbernen Utensilien wie Löffel, Kluntjezange, Schalen usw. gehören zu den Stücken des Hausrats, die von Generation zu Generation vererbt werden. Auch wenn man Teegeschirr und Silber neu kauft, bevorzugt man alte, traditionelle Formen. Das übrige Porzellan und Besteck im Haushalt ist dagegen häufig modern.
Bräuche, Lebensgewohnheiten und andere Besonderheiten, die alteingesessene Ostfriesen und Neubürger des Landes aus ihrer Leidenschaft für das Volksgetränk entwickelt haben, sind nur in Grundzügen auf einen gemeinsamen Nenner zu bringen. Sie weichen in den verschiedenen Landschaften, in unterschiedlichen Bevölkerungs- und Gesellschaftsschichten und in sozial gleichrangigen Familiengemein-

schaften voneinander ab. Das ist kein Wunder, wenn man bedenkt, wie vielfältig die Bevölkerungsstruktur auf diesem 3100 Quadratkilometer großen Fleckchen Erde ist. Insulaner und Marschbauern, Geestleute und Moorkolonisten, Stadtbürger und Landbewohner, Eingeborene und Zugezogene haben zu unterschiedliche Temperamente, Neigungen und Lebensanschauungen, als daß sie in ein Schema paßten. Gemeinsamkeiten lassen sich nur in wenigen Wesenszügen entdecken. So sind denn auch die meisten Darstellungen über Teetrinken in Ostfriesland skeptisch zu bewerten. Flüchtige Beobachtungen werden zu allgemeinverbindlichen Aussagen und oberflächlichen Pauschalbehauptungen.

Das bis heute bekannteste und wohl auch stimmungsvollste Klischee vom teetrinkenden Ostfriesen ist auf Postkarten und in Büchern bis in die jüngste Zeit kolportiert. Es stammt aus einer längst vergangenen Zeit und zeigt einfache ländliche Verhältnisse: das Bild eines betagten Ehepaares, das in hohen Binsenstühlen zu beiden Seiten des flackernden Herdfeuers, („in 't Hörn bi't Füür") sitzt und in stiller, zufriedener Zweisamkeit sein „Koppke Tee" genießt. In seinen 1919 veröffentlichten Erinnerungen an die Kinderzeit in Westerholt bei Dornum hinterließ der ostfriesische Pastor J. Kittel eine Beschreibung, die eine ähnlich malerische Szene wiedergibt:

„In meinen Kinderjahren ging ich häufig zu unseren Nachbarn Hinnerkohm und Fraukmö... Hinnerkohm war Arbeiter. Er und seine Frau bewohnten mit ihrem Sohne ein eigenes kleines Haus, das mit Stroh gedeckt war. Darin waren außer der Scheune mit Kuh- und Schweinestall nur eine Küche mit zwei Butzen und einem offenen Feuerherd. Auf demselben brannte immer nur ein aus wenigen Stücken Torf bestehendes Feuer. Die letzte Tagesarbeit der fleißigen Hausfrau bestand darin, daß sie die auf dem Herde noch glühenden Kohlen reichlich mit Asche bedeckte, um morgens damit schnell Feuer machen und Wasser oder Brei kochen zu können. Das Feuer reichte gerade hin, das Wasser im kleinen Kessel zum Sieden und den Eßtopf ins Kochen zu bringen und darin zu erhalten. Kessel oder Topf hingen an einer Kette, die von einem quer durch den Schornstein gelegten Balken festgehalten wurde, in mäßigem Abstande über dem Feuer. Dieses war im Winter kaum größer als im Sommer. Es genügte Hinnerkohm, wenn er zu Hause war und in seinem mit Stroh geflochtenen Lehnstuhl rechts vom Herd saß, seine Füße nach dem Feuer zu strecken, während seine Frau, die hinter dem ein wenig seitwärts stehenden Tische ihren Platz hatte, sich für die größere Entfernung vom Feuerherd durch eine warme Stove unter den Füßen genügend entschädigte...

... Mittags gab es, was der Garten lieferte: Bohnen, Erbsen, Steckrüben, Wurzeln oder Braunkohl. Fraukmö hatte nur einen Topf nötig, um ein leckeres Mahl zu bereiten. Zuerst tat sie Gemüse hinein. Danach stieg sie auf einen Stuhl und schnitt von der an der Küchendecke hängenden Seite Speck ein Stück ab, das sie aus Sparsamkeitsgründen ungewaschen auf das Gemüse legte. Hernach folgten die Kartoffeln, welche sie am Tische hinter ihrem Teetopf sitzend in aller Gemütlichkeit auf ihrem Schoß schälte. Mittlerweile brodelte es kaum hörbar in dem Topf über dem kleinen Feuer. Nur zuweilen erhob sich Fraukmö von ihrem bequemen Sitz, um nachzusehen, ob noch genügend Wasser im Topf sei, und um das Feuer zu schüren ... War der Teetopf leer getrunken, so konnte sie zugleich auch ihn aus dem kleinen Kessel, der neben dem Feuer stand, wieder bis an den Rand füllen. Er stand auf dem Tisch ganz in ihrer Nähe, so daß sie beim Einschenken sich nicht von ihrem Sitz zu erheben brauchte. Ebenso war die kleine Schale mit Sahne, an deren innerem Rande ein kleiner runder Löffel zum Schöpfen hing, von ihrem Sitz zu erreichen. Von der Sahne nahm sie nach Gewohnheit aller echt ostfriesischen Teetrinkerinnen nur drei bis vier Tropfen. Der Tee, welchen sie trank, hatte einen kräftigen scharfen Geschmack, der weniger starken Naturen als Fraukmö Herzklopfen verursachte."

26 *Kraantjekanne. Silber*

Ähnliche dörfliche Idylle gab es bis vor wenigen Jahren noch vereinzelt. Sie sind zum Symbol jener sprichwörtlichen Gemütlichkeit geworden, die „stets ein Täßchen Tee bereithält". Die Wohnküche alten Stils und vor allem die Herdstätte war in Ostfriesland die „geheiligte Stätte" des Hauses und der „Sitz der Hausseele". So wurde die Herdstelle — je nach dem Geldbeutel der Bewohner — mit besonderer Liebe und Sorgfalt geschmückt. Rauchfang und Schornstein waren kunstvoll eingefaßt und mit Holzborden verkleidet. Blauweiße Kacheln, zumeist aus westfriesischen Fayencefabriken, zierten die Rückwand und oft den ganzen Schornsteinmantel. Es gab Prunkherde mit reichgeformten Pfosten und wahre Wunderwerke an gußeisernen Herdplatten („Achterplaten"), an die Wand gelehnt oder in sie eingelassen. Aber auch Kesselhaken, Feuerzangen, Kochgeschirr oder „Doofketel" (verschließbarer metallener Behälter zum Dämpfen oder Löschen = „Doofen" von glühenden Kohlen oder Asche) waren Meisterleistungen heimischer Handwerker. Großformatige Backsteine oder Sandsteinplatten auf dem Fußboden, eine typisch ostfriesische Wanduhr mit bunt bemalten Seejungfrauen und „Rackjes" zur Aufnahme von Tellern, Schüsseln, Pfeifen oder Löffeln rundeten das Bild und eine Atmosphäre ab, die heute nur noch in Heimatmuseen nachempfunden werden kann.

Verbreitet waren Anrichten, Eckschränke mit offenem oder geschlossenem Aufsatz und die als „Buddeleien" bekanntgewordenen kleinen Hängeschränke, eine für Ostfriesland typische Sonderform. In der „Buddelei" bewahrte die Hausfrau das nicht für den täglichen Gebrauch bestimmte Teegeschirr, aber auch andere erlesene Stücke ihres Hausrats auf. In den Wohnküchen der kleineren Sielorte und Fehndörfer kamen Souvenirs der Seeleute hinzu: Flaschenschiffe, Halbmodelle von Segelschiffen, fremdländisches oder Delfter Porzellan mit chinesischen Motiven und die unvermeidlichen, zuerst aus Holland und später aus England eingeführten, stets als Paar „auftretenden" Porzellanhündchen.

Ausstattung, Stil und Beschaulichkeit der altostfriesischen Wohnküche haben die Teekultur des Landes mitgeprägt — und zwar in ihrer bodenständigen Form. Auf den Höfen begüterter Bauernfamilien und in den Häusern wohlhabender Bürger und Patrizier wurde diese Kultur verfeinert und entfaltete sich zu dem, was wir heute darunter verstehen. Die „Teevisite" in der meist nur sonntags genutzten guten Stube oder die festliche Runde an der vornehm gedeckten Tafel gehören zur traditionellen, typisch ostfriesischen Teeszene.

In der ersten Hälfte des 19. Jahrhunderts kamen, wie der Geschichtsschreiber Wiarda vermerkt, in den vornehmen Kreisen von Aurich die „Theegesellschaften" in Mode — und zwar zunächst bei den Officianten (Beamten), „denen der Ostfriese in seiner Schwachheit so gerne nachäfft". Obwohl sich die meisten Herren dabei langweilten, mußten sie sich ehrenhalber dazu einfinden. Wiarda: „Solche Theegesellschaften fangen erst um 7 oder 8 Uhr Abends an und endigen selten vor 11 bis 12 Uhr, da denn die heimgelassenen Kinder sich selbst überlassen bleiben und schon lange im Bette schnarchen, wenn die lieben Eltern wieder zurück kommen. Auch haben nunmehr Damen angefangen, unter sich Theegesellschaften zu halten, da sie dann oft 20, 30 und mehrere Damen zusammen treiben. Statt, daß sie sich in ihren Gesellschaften vorhin um 4 Uhr einfanden, stellen sie sich — so will es der heutige Ton — erst um 6 oder gar gegen 7 Uhr ein, und gehen dann wieder um 10 oder 11 Uhr, auch wohl noch später nach Hause, da denn der Herr, wenn er mit der Abendmahlzeit nicht so lange warten will, mit den Kindern allein speisen muß und der Frau Gemalin ein Gericht zu ihrer Wiederkunft aufhebt. Vorhin pflegten bei Damen Gesellschaften blos Kringel und einige selbst gemachte Näschereien vorgesetzt zu werden. Nunmehr wird das feinste Gebäckwerk bei Conditoren, die man vorher nicht kannte, bestellt und aufgetischet."

Wiarda schreibt, daß „Assambleen" (Versammlungen, franz.: assemblée) oder „melirte" (gemischte) Gesellschaften in Aurich bereits nach dem Ende des Siebenjährigen Krieges (1763) aufkamen. Dabei stellte sich jeder Gast „in dem größten Putze" ein. „Die Herren standen

27   Auricher Teegesellschaft. Tuschzeichnung   1815

gewöhnlich so lange, bis die Kaffe und Theetische aufgeräumt waren, da man sich dann an die Spiel Tische setzte."
Neben Friedrich Wilhelm von Halem, dem Begründer des Seebades Norderney, und dem Auricher Kriegs- und Domänenrat Johann Heinrich Tannen zählt vermutlich auch Tileman Dothias Wiarda zu den Personen, die ein in Aurich als Gast weilender Oldenburger von Halem im Jahre 1815 auf zwei Tuschzeichnungen darstellte. Ähnlich wie Wiarda betrachtet auch der Zeichner das vornehme Zeremoniell aus einem distanzierten, kritisch-ironischen Blickwinkel. Überdimensionale, auf Podesten stehende Teekannen, zierliche Biedermeierdamen und ordensgeschmückte Herren beherrschen die Szene. Ein Diener geht mit einem Tablett herum und bietet gefüllte Koppkes an. Es wird geplaudert und musiziert. Selbst der Teufel, der mit einer Medizinflasche naht, ist mit von der Partie; auch er bekommt — aus der Hand einer Schönen — ein Täßchen gereicht. Eines der beiden Bilder trägt in französischer Sprache die Unterschrift „Ich langweile mich, du langweilst dich, er langweilt sich, wir langweilen uns, ihr langweilt uns, sie langweilen sich". Unter dem anderen Motiv heißt es lapidar „Dieselbe Konjugation".
In einem zeitgenössischen Bericht aus dem Norderney des Jahres 1845 ist von „Thees" die Rede, kleineren Gesellschaften, die nachmittags und abends für Badegäste arrangiert wurden. „Jahre vorher hatte die Bourgeoisie die Thees gemieden, weil es ihr dort zu junkerlich zuging." Später habe wieder die Noblesse diese „Theenachmittage" ignoriert.

Kaffee im Teetrinkerland

Nicht ohne Grund hatte bereits der Historiker Onno Klopp mehrfach erwähnt, daß neben dem Teegenuß auch das Kaffeetrinken in einigen Teilen Ostfrieslands in der Vergangenheit keine ganz unbedeutende Rolle spielte, und zwar vor allem im Harlingerland, in der Gegend um Friedeburg, im angrenzenden Jeverland, im Saterland, aber auch bei reichen Marschbauern, die wohlhabenden Bürgern in den Städten nicht nachstehen wollten und sich außer Tee den damals teuren Kaffee leisteten.
Um 1820, als man in Ostfriesland allmählich bei der Morgenmahlzeit den üblichen Buttermilchbrei durch Tee oder Kaffee und Brot ersetzte, schrieb der Geograph Arends über die Marschbauern: „Das Frühstück besteht selten noch aus Brei, gewöhnlich aus Thee oder Kaffee mit Butterbrod, häufig auch eben so das Abendbrod, besonders im Winter. Kaffee trinkt man viel im Jeverschen, gewöhnlich dreimahl täglich; Thee mehr im Westen, und zwar Morgens beim Frühstück, Nachmittags und Abends, wenn kein Brei genossen wird. Vormittags gegen 11 Uhr aber Kaffee mit Cichorie. Zucker kommt bei Besuchen dazu, gewöhnlich Candi, sonst selten."
Über die konservativeren (und auch ärmeren) ostfriesischen Geestbauern jener Zeit vermerkte er, der Bauer trinke zwar schon Tee oder Kaffee, das Gesinde aber esse noch Buttermilchbrei. Wörtlich: „Gegen 8 Uhr ... eilt alles zu Tische, und labt sich am Buttermilchbrei (Pap) mit Rockenmehl, auch wohl Buchweitzengrütze gekocht, aber auch, im Winter, Kartoffeln mit Salz und Butterbrod dazu. Wirt und Wirtin trinken aber durchgängig Thee oder Kaffee, auch die mehrsten schon Morgens gleich nach dem Aufstehen, gegen 8 Uhr dann zum zweitenmahl ... Das Abendbrod ist dem Frühstück gleich ... Thee trinken die mehrsten jetzt Nachmittags, viele auch Vormittags; Kaffee wenig. Im Sommer ist Buttermilch das tägliche Getränk." Die Kost der ärmlichen „Colonisten und Warfsleute" der ostfriesischen Geest war dagegen — so Arends — „noch magrer wie die der Bauern. Ihre paar Kühe geben ihnen nur wenig Milch und Butter. Kartoffeln machen ihre Hauptnahrung aus, viele speisen sie dreimahl täglich, gemeiniglich bloß mit Salz, und ein Butterbrod, das auch oft fehlt, wegen Mangel an Butter, doch oft Thee dazu, auch wohl Kaffee."
Bei näherer Betrachtung ist vor allem das letzte Zitat mit einiger Skepsis zu werten. Wie im übrigen Deutschland, überlebte auch in Ostfriesland der „Kaffee aus eigener Scholle", das unter Friedrich II. aufgekommene Ersatzgetränk aus Zichorienwurzeln, Gerste oder Roggen, die Regentschaft des Preußenkönigs. Vor allem in ländlichen Gebieten gab es bis nach dem ersten Weltkrieg genügend, durchweg

minderbemittelte Familien, die sich mehrere „Teezeiten" am Tag nicht leisten konnten und dafür Surrogate aufbrühten oder das echte Genußmittel mit Kaffee-Ersatz oder Kaffeemehl mischten. Eine Hochburg des Zichorienanbaues war um die Mitte des 19. Jahrhunderts die Stadt Norden; hier existierten allein vier Verarbeitungsfabriken, die größte beschäftigte 22 Arbeiter. Nur ein Bruchteil der Ware wurde für den Bedarf im eigenen Lande produziert, die größere Menge ging an auswärtige Abnehmer. In einem 1910 erschienenen Aufklärungsbuch schrieb die Ärztin Jenny Springer: „Bei uns war früher und ist wohl auch noch jetzt die Zichorienwurzel das Hauptsurrogat, ohne welches in weiten Kreisen kein Kaffee bereitet wird. Die Wurzeln des bei uns wild wachsenden Krautes werden zerschnitten, wie Kaffeebohnen geröstet, wobei Speck zugesetzt wird, und zermahlen. Sie schmecken süßlich, dem Lakritzen ähnlich, aber zugleich auch bitterlich und im ganzen abscheulich." Selbstverständlich kamen in Norddeutschland von auswärts auch Kaffee- und Teefälschungen auf den Markt. Abgesehen von der künstlichen Färbung wurden bessere Arten mit schlechteren und sogar abgekochten Blättern vermischt. In England gab es Fabriken, die gebrauchten Tee und Kaffee aus Restaurationen zusammenkauften und nochmals „aufbereiteten".

In manchen ostfriesischen Familien war es früher üblich, an Sonn- und besonderen Feiertagen — z. B. Heiligabend — Kaffee zu trinken;

28 Puppenherd ca. 1850

das geschah oft auch bei gegenseitigen Besuchen der Bauern. „Der friesische Landmann liebt die Geselligkeit ... In den Winterabenden besuchen sich die Dorfbewohner im Westen sehr fleißig ... Doch kommen nur zwei bis drei Familien zusammen ... Gewöhnlich kommt man gegen 6 Uhr, dann wird Kaffee vorgesetzt, oft auch Chokolade, demnächst Brandwein, für die Frauen mit Zucker vermischt, herumgereicht, selten Wein. Das Abendessen besteht bloß aus Butterbrod mit Käse, Rauchfleisch etc, hernach wird Thee getrunken" (Arends).

Auch Besuchern aus dem Binnenland und zugereisten Landesbewohnern setzten die Ostfriesen nicht nur Tee vor, sondern gaben sich Mühe, zuweilen den Gästen einen schmackhaften Kaffee zu bereiten. Daran hat sich auch heute nichts geändert. Daß man sich außerhalb des Landes einen kaffeetrinkenden Ostfriesen dennoch kaum vorzustellen vermag, hat seinen Grund vermutlich auch in der seit der Währungsreform erheblich verstärkten Image-Werbung, die mit Begriffen wie „Teetrinkerland" und „Deutschlands Teetrinker Nr. 1" alles andere überdeckt hat.

Vom „Teegood" zum „Kluntjeknieper"

Ostfrieslands Teetrinker haben von Anfang an Kaufleute und Kunsthandwerker, kleine Gewerbebetriebe und große Industriezweige inspiriert. Das neue Getränk verlangte nach passendem Zubehör, nach Geräten für die Zubereitung und Gefäßen zum Trinken. Metallene oder hölzerne Becher und Pokale, Glasbehälter oder dickwandige Krüge aus Keramik eigneten sich nicht. Material und Formen sollten der Eigenart der fernöstlichen Spezialität entsprechen.
So kam das feine chinesische Porzellan ins Land. Die im 17. Jahrhundert in Europa weitverbreitete Chinamode prägte auch die frühe Phase der ostfriesischen Teekultur. Zunächst waren es nur einige begüterte Familien, die sich die kostbaren Originalstücke im fernen Asien anfertigen lassen und leisten konnten. Später, als europäische Manufakturen das „weiße Gold" selbst produzierten und als Konkurrenz auftraten, gab es China-Porzellan — ob importiert oder imitiert — für jeden Geldbeutel. Dünnwandige, zartbemalte China-Täßchen zählen noch heute in einigen ostfriesischen Familien zum bevorzugten Geschirr für festliche Stunden.
Als das edle Material aus Asien noch allein den Markt beherrschte, nahmen die Europäer den Chinesen die Ware nicht wahllos ab. Bereits um 1620 bestellten die Niederländer Spezialanfertigungen nach eigenen Wünschen. Sie schrieben sogar die Formen vor, indem sie den Seefahrern ihrer Handelskompanie aus Holz gedrechselte Modelle und präzise Zeichnungen mit auf den Weg gaben. Aus Europa kam die Anregung, die henkellosen Tassen mit handlichen Griffen und Untertassen zu versehen.
Die Chinesen bemühten sich, die eigene Produktion dem Geschmack der überseeischen Kunden anzupassen. So entstand der Begriff „Auftragsporzellan"; dabei handelte es sich — wie es in einer wissenschaftlichen Definition heißt — „um Porzellan, das aus Europa in China eigens bestellt, dort angefertigt und nach Europa verschifft wurde." Darunter fielen vor allem das blau-weiße Geschirr, das Porzellan „famille verte" (grüne Familie; ab 1682) und „famille rose" (ab 1730).

Von den einst reichen Beständen, die zu einem Teil mit den Schiffen der Emder Ostasiatischen Handelskompanie im 18. Jahrhundert nach Europa kamen, sind in Ostfriesland einige wertvolle Stücke erhalten geblieben — wie die Teetassen und -kannen mit dem Wappen der Familie Stael. Sie werden im Privatbesitz der Nachkommen oder in der Ostfriesischen Landschaft in Aurich als kostbare Schätze bewahrt. Im Groninger „Museum voor Stad en Lande" befindet sich eine aus China stammende henkellose Teetasse mit Unterschale und den Wappen der Familien Conring und Wolthers.

1708 war die Sternstunde des europäischen Porzellans und des Alchimisten Johann Friedrich Böttger (1682–1719), der sich seit sieben Jahren in Dresden im Gewahrsam August des Starken befand, weil er angeblich „Gold machen" konnte. 1706 erhielt der hochbegabte Forscher ein Laboratorium auf der Jungfernbastei. Nach vielen, zunächst mißglückten Versuchen gelang es ihm im November 1707, gemeinsam mit dem Naturwissenschaftler Ehrenfried Walter Graf von Tschirnhaus(en) und einer Reihe von Mitarbeitern, rotes Steinzeug und im Januar 1708 weißes und durchscheinendes Hartporzellan herzustellen. Entscheidend war ein Fund im sächsischen Vogtland, wo Böttger und Tschirnhaus auf weißes Kaolin, das Ausgangsmaterial für die Porzellan-Produktion, stießen. Ein jahrhundertealter Traum des Abendlandes war erfüllt, das Geheimnis der Herstellung, das „Arcanum", war entdeckt. August der Starke, Porzellannarr und Besitzer einer der großartigsten Sammlungen der Welt, ließ 1710 die Albrechtsburg in Meißen zur Königlichen Porzellanmanufaktur umbauen. Böttger blieb bis zu seinem Tode ihr Direktor.

Böttgers Erfindung war keine Erstentdeckung und nicht das Ergebnis zufälliger alchimistischer Goldsuche, sondern vielmehr das Resultat zielbewußten Experimentierens. Die Chinesen kannten das Rezept für die Produktion des „weißen Goldes" seit langem und hielten das Verfahren nicht über die Maßen geheim. Im fernöstlichen Schrifttum jener Epoche finden sich Beschreibungen und Anweisungen in Text

29 Comfoirs, „Komfortjes". Gußeisen

und Bild. Der eigene Weg der Europäer zur Porzellanherstellung ist nur damit zu erklären, daß man sich viel zu spät mit chinesischer Kultur und Literatur beschäftigte.

Zunächst ahmten die „Meißener" weitgehend chinesische Vorbilder und Muster nach, allmählich jedoch sahen sie ihren Ehrgeiz darin, eigene Entwürfe zu verwirklichen. 1717 entstand bei Wien die zweite europäische Manufaktur; weitere Gründungen erfolgten später unter anderem in Höchst (Hessen), Nymphenburg (Bayern), Fürstenberg (Braunschweig), Straßburg (Frankreich), Berlin (Preußen) und Thüringen. Die damals kreierten Grundformen von Tassen und Kannen für Tee und Kaffee haben sich über die Jahrhunderte erhalten.

30 Stövchen. Ton. Federzeichnungen

Eine Kaffeekanne ist im allgemeinen steil, gradwandig und hat eine leicht bauchige Form, die sich nach oben verengt. Teekannen haben eine betont bauchige Gestalt, die eher breit als hoch ist. Die Teetasse hat sich, im Gegensatz zum Kaffeegefäß, zur breiteren Schale entwickelt. Dennoch blieben die ursprünglich von den Chinesen entworfenen, henkellosen Tassen (die „Koppkes") noch lange im Gebrauch — selbst als die Europäer Henkel und Untertasse dazu „erfunden" hatten. Auch die in heimischen Werkstätten hergestellten Kannen aus Silber, Kupfer oder Zinn verschwanden mit dem Siegeszug des Porzellans keineswegs vom Teetisch. In Vergessenheit gerieten die Spülschalen („Spöölkumkes"), in denen die Hausfrau die kostbaren Tassen bei Tisch reinigte, nicht zuletzt deswegen, damit sie nicht von ungeschickter Hand beschädigt wurden.

Neben Böttger fand die Töpferfamilie Greiner den Weg zur Porzellanherstellung. In der zweiten Hälfte des 18. Jahrhunderts war sie Mitbegründerin der Betriebe Limbach und Wallendorf, die außer der üblichen Gebrauchsware auch feineres Geschirr von einfacher Form, aber auch naive Figuren in den Handel brachten. Die Wallendorf-Erzeugnisse verbreiteten sich am Ende des 18. Jahrhunderts vor allem in Ostfriesland. Händler aus Thüringen kamen regelmäßig ins Land. Überliefert ist, daß der aus der Wallendorfer Gegend stammende Porzellanmaler Fritz Graef um 1840 jeden Sommer nach Ostfriesland reiste und Geschirr verkaufte, das er in seiner heimatlichen Werkstatt verziert hatte. Graef ließ sich 1843 in Walle bei Aurich nieder. Er soll zwölf Kinder gehabt haben, von denen vier das väterliche Handwerk weiterführten. Zwei Graef-Söhne hielten sich einige Jahre während der Sommersaison auf Norderney auf. Für Badegäste bemalten sie Souvenir-Teetassen und Pfeifenköpfe.

Die Wallendorfer Produkte, vor allem das Teegeschirr, sind aus der Geschichte der ostfriesischen Teekultur nicht wegzudenken. Das „Dresmer Teegood" (Teegeschirr nach der alten Dresdener Hofform) oder „Rot Dresmer" (Dekor der roten Rose) und „Blau Dresmer" (blaues Muster) sind seit Generationen den Teetrinkern vertraute Begriffe. Die kleinen, fast halbkugeligen „Dresmer" Teetassen hatten — wie ihre ostasiatischen Vorbilder — zunächst keine Henkel. Sie standen auf tiefen, beinahe schüsselförmigen Untertassen. Die Form entsprach der weitverbreiteten Sitte, heißen Tee aus dem „Koppke" in die Untertasse zu schütten und dann genüßlich zu schlürfen.

Das rotgetönte, auch purpurviolette Rosenmuster auf dem gerippten „Rot Dresmer" Teegeschirr soll aus den Hochkarpaten stammen und in Wallendorf nachempfunden worden sein. Das Dekor bleibt sich im Prinzip immer gleich: Die fast abstrakt aufgetragene Rose bildet das Zentrum eines Blumenbuketts. Auf allen Stücken eines Service taucht die effektvolle Komposition, manchmal nur im Ausschnitt, mehrfach auf.

31 Puppentasse. Silber 19. Jhdt (Zum Vergleich daneben ein Pfennig)

Im Gegensatz zum roten gibt sich das blaue „Dresmer" Geschirr zurückhaltender. Es hat die gleiche Form, zeigt aber in sich verschlungene Linien mit kleinen blauen Blümchen auf weißem gerippten Grunde und ist auch unter dem Begriff „Zwiebelmuster" bekannt.

32 Puppengeschirr. Zinn 19. Jhdt

Die Begeisterung der Ostfriesen für thüringisches Tee-Porzellan führte dazu, daß das Wallendorf-Geschirr seit dem 19. Jahrhundert als *das* „Ostfriesische Teegeschirr" bekannt und berühmt wurde. Die Wallendorfer haben vor allem das Rosenmuster im Laufe der Zeit mehrfach abgewandelt; so sprechen Fachleute zum Beispiel von feinen Unterschieden zwischen der Epoche vor und nach 1840. Außerdem gab es ein violettes Dekor mit Tulpenblüten oder Bauwerken. Das rote und das blaue Muster sind von anderen Manufakturen und Porzellanmalern (auch in Ostfriesland) nachempfunden und variiert worden, zumeist jedoch von Betrieben, die im 18. Jahrhundert ohnehin von Angehörigen oder Nachfahren der Greiner-Dynastie gegründet wurden — wie etwa Rauenstein in Thüringen und Tettau in Oberfranken.
Erst der Ausbruch des zweiten Weltkrieges stoppte in Ostfriesland die Einfuhr aus Mitteldeutschland. Die noch in Geschäften lagernden Bestände gingen zur Neige. Nach der Kapitulation sollte die alte Tradition weiterleben. Weil jedoch die Porzellanmanufakturen in Thüringen noch nicht wieder in Gang kamen, verzierten die damals in Ihrhove ansässige ostfriesische Firma Johann H. Harms und der

Auricher Porzellanmaler Joachim von Köster das als „Ersatz" eingeführte Fürstenberg-Porzellan und anderes Teegeschirr mit dem Rosendekor.
Seit dem Ende der sechziger Jahre haben die Ostfriesen wieder ihr „echtes" Teegeschirr — handbemalt und formvollendet wie in der guten, alten „Dresmer"-Zeit. Es kommt nicht aus einer deutschen Manufaktur, sondern auf dem Umweg über einen Hamburger Importeur aus Japan. Angeboten werden drei Sorten und Dekors: „Ostfriesland" mit der abstrahierten Rose, „Ostfriesische Rose" und „Friesisch Blau". Das Programm umfaßt — wie früher — neben Teezubehör in mehreren Variationen auch Kaffee-, Mocca- und Kakaogeschirr, Zuckerdosen, Milchkrüge, Rahmgießer, Eierbecher, Platten, Deckelschüssel und Teller.
Wallendorf-Erzeugnisse waren in Ostfriesland vor dem Kriege weitverbreitet, doch sie beherrschen den Markt nicht allein. Auch andere Manufakturen boten den Ostfriesen passendes Geschirr mit Blumenmustern, Ornamenten oder Figuren. Einheimische Porzellanhändler ließen sich weißes Teegeschirr aus Thüringen kommen und verzierten es mit eigenem Dekor. Beliebt waren „Eiertassen" mit enger, hoher Wandung und tiefer Unterschale oder Gedenktassen mit eingebrannten Widmungen und Sinnsprüchen. Und für die Kleinsten wurde traditionelles Porzellan zu einem Begriff, denn „Dresmer Teegood" gab es auch als Puppengeschirr. Selbstverständlich war im alltäglichen Gebrauch auch unbemaltes, weißes Porzellan üblich.
Vor der europäischen Nacherfindung des Porzellans haben sich niederländische Fayence-Werkstätten bemüht, das chinesische Monopol zu unterlaufen. Die dickere Glasur ihrer Produkte eignete sich nicht so sehr für zierliche Täßchen, sondern eher für Eßgeschirr. Am Ende des 17. Jahrhunderts brachten Delfter „Teetopfbäcker" Kannen aus rotem gebrannten Ton nach fernöstlichen Vorbildern in den Handel. Einen zusätzlichen Rohstoff für ihre westfriesischen Fayencefabriken, die blauweißlich geschmeidige Potterde, bezogen die Niederländer zum Teil aus Ostfriesland. Versuche, dort und im benachbarten Jeverland Fayencebetriebe einzurichten, waren von kurzer Dauer. In Wittmund und Jever gab es neben Töpfereien auch Werkstätten dieser Art. Als ab etwa 1800 billiges englisches Steinzeug den Markt eroberte, waren sie nicht mehr konkurrenzfähig.
Ostfrieslands Gold- und Silberschmiede konnten am Ende des 18. Jahrhunderts ihre Meisterprüfung nur bestehen, wenn sie einen silbernen Teetopf anfertigten. So verordnete es ein preußischer Erlaß. Käufer der besonders dekorativen Meisterstücke waren vermögende Familien. Doch auch die bürgerliche Mittelschicht leistete sich die Erzeugnisse des aufblühenden Kunstgewerbes: Teedosen, Teeschaufeln, Kandiszangen und Teelöffel. Einheimische Künstler und Handwerker haben zu allen Zeiten die ostfriesische Teestunde mit kunstvollen Arbeiten ihrer Werkstätten bereichert. Der Phantasie waren und sind keine Grenzen gesetzt. So gibt es silberne Teeschaufeln mit zierlichen Mühlenflügeln,

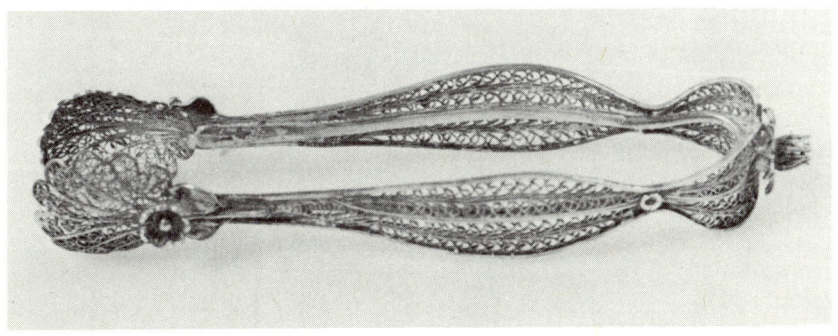

33 Kluntjezange. Silberfiligran um 1900

Segelschiffchen oder Rosenmustern und Teesiebe, die im Griff eine Bäuerin mit Milchkannen zeigen; es gibt „Kluntjezangen", die so feingliedrig verziert sind, daß man sie nur sehr behutsam in die Hand nimmt. Selbst „Kluntjeknieper", die früher beim Zerkleinern der Kandisblöcke gute Dienste taten, wurden künstlerisch geformt. Gebräuchlich waren einfachere Formen und zangenähnliche Instrumente. Größere Kandisstücke legte man auch wohl auf eine Ofenplatte, bis sie sich zerbrechen ließen. „Kluntjepotten" oder „Klumckedösen" gab es in verschiedenen Formen und Materialien — etwa als Glasschüssel auf flachem Fuß oder als Deckeldose aus Silber oder Porzellan. Und zum Löffel erfand man passende Körbchen und Kästchen. Der Ruf ostfriesischer Silberschmiede war durch die Jahrhunderte ausgezeichnet und ihr Ideenreichtum unbestritten. Dennoch gebührt ihnen nicht der Ruhm, das beliebte und auch außerhalb des Landes bekannte „Ostfriesenmuster" auf Tafelbesteck und Teezubehör als erste entworfen zu haben, obwohl um die Mitte des 19. Jahrhunderts auch ostfriesische Arbeiten dieser Art entstanden. Wenn man den historischen Quellen trauen darf, geht das Original auf Kunsthandwerker in Burgdorf bei Hannover zurück: Danach siedelten sich dort um 1810 Silberschmiede an, die Tafelbestecke mit modischen Blumenmustern und Rokoko- oder Barockmotiven fertigten. In ihren Werkstätten sollen die typischen „ostfriesischen" Formen und Ornamente (blattähnlicher Griff und eingravierter Blattschmuck) zuerst entstanden sein. Seinen Namen verdankt das Besteck daher möglicherweise nur der Tatsache, daß es in Ostfriesland großen Anklang fand. Die Burgdorfer Handwerker sollen das Land bereist und gute Kontakte zu Wiederverkäufern gehabt haben.

Die Burgdorfer Silberwarenfabrik, die das Erzeugnis heute auch versilbert anbietet, setzt die Tradition fort. Nachdem es einige Zeit an Popularität verloren hatte, finden die Ostfriesen seit einigen Jahren wieder Gefallen daran. Auch andere Manufakturen im Bundesgebiet stellen das Besteck her. In Prospekten und Preislisten sind die gebräuchlichen Besteckteile für das ostfriesische Teezeremoniell aufgeführt — so etwa drei unterschiedliche Teelöffelgrößen zu 14, 13,2 und 11,1 Zentimeter.

Auch Ostfrieslands Zinngießer ließen sich im 18. und 19. Jahrhundert einiges einfallen: kugelig geformte Wasserkessel („Waterketel" oder „Teeketel") mit schwenkbarem Bügel, Teekannen mit einem fest angebrachten Deckel sowie zierliche Tee- und Sahnelöffel und sogar Teegeschirr für die Puppenstube. „Drinkensketel" waren Zinnkessel mit einem Holzbügelgriff, die man mit Tee gefüllt zur Feldarbeit mitnahm. Kupferschmiede in Wittmund schlugen aus einem Zwei-Pfennig-Stück Teekessel in Kleinstformat.

Gemeinsam mit Silberschmieden und Messingschlägern hinterließen die Zinnwerkstätten der Nachwelt eine weitere Besonderheit: die „Kraantjekannen", die als „Dreckpotten" (Töpfe zum Ziehen) im Saterland, als „Dröppelminnas" am Niederrhein und als „Drehörkens" im oldenburgischen Ammerland ebenso bekannt und weit verbreitet waren. Ihr Ursprung liegt vermutlich in den Niederlanden. Sie dienten vor allem als Kaffeekannen, in ihnen wurde aber auch das Wasser für die Teezubereitung und die Reinigung der Tassen warmgehalten. Unter der Kanne befand sich ein Stövchen mit Kohle oder Torfglut.

Die unterschiedlich großen, bauchig-birnenförmigen Kränchenkannen standen auf drei Beinen, hatten einen oder zwei Henkel und einen oder mehrere Zapfhähne. Die zweihenkeligen, mit mehreren Hähnen versehenen Behälter waren vor allem in Westfalen und im Oldenburgischen sehr beliebt. Die Ostfriesen bevorzugten dagegen die von den heimischen Zinngießern hergestellte Variante mit nur einem Henkel, einem Zapfhahn und einem hohen gewölbten Deckel. Zur Verzierung wurden ostfriesische Kannen auch mit einer Lackbemalung nach ostasiatischen Vorbildern überzogen. Eine Sonderform bildeten nach 1800 die vor allem in Leer gegossenen Adlerkannen, deren charakteristische Merkmale ein urnenförmiger Körper und zwei Henkel mit Adlerköpfen waren. Als Prunkstücke galten die von den Messingschlägern entworfenen Gefäße mit mehreren Kränen. Darüber hinaus gab es in Ostfriesland importierte und im Lande hergestellte „Teemaschinen", die man auch „ostfriesische Samoware" nannte. Diese durchweg großen Geräte aus innen verzinntem Kupfer oder Messing, aber auch aus Silber, hatten eine Feuerung im Fuß oder in einem eigenen Stövchen; die Hitze wurde durch eine konische Röhre an das Wasser im Kessel und an die Kanne mit Teesud weitergeleitet. Den konzentrierten Sud entnahm man der Kanne, die oben auf dem Kesseldeckel stand. Das kochende Wasser zapfte man aus dem Hahn am Kessel. Beim öffentlichen Verkauf von Geräten aus dem Haushalt des Bäckermeisters Brakenhoff in Leer wurde 1849 neben Teebrettern (Tabletts), einem zinnernen Schenkkessel mit „messingenem Feuercomfoir", lackierten und blanken Kaffeekannen aus Zinn auch eine „schöne Theemaschine" angeboten. Beliebt waren auch die am Ende

34 a Kraantjekanne mit 3 Kränen. Messing
   b Ostfriesischer Samowar. Kupfer
   c Kraantjekanne. Zinn

des 18. Jahrhunderts aufkommenden silbernen Teekannen mit Rechauds, bei denen die Kannen auf einem Gestell mit kleiner, regulierbarer Feuerbüchse standen. Sie eigneten sich für größere Gesellschaften.

Als „Teekomfort(je)" bezeichnete man einen eimerartigen Behälter mit durchglühtem Torf; auf ihm wurde der Kessel mit heißem Wasser warm gehalten. Der „Krug"-Wirt in Lütetsburg bei Norden servierte seinen Sonntagsgästen in der Kaiserzeit den Tee vom „Komfortje" bis zum Kluntjepott. Die Tischgesellschaft konnte sich das Getränk nach eigenem Geschmack und in beliebiger Menge zubereiten.

Teestövchen aus Messing, emailliertem Eisenblech, Gußeisen, Zinn, Silber oder Porzellan sind verfeinerte Formen der hölzernen „Stove", die früher als Fußwärmer mit durchlöcherter Oberfläche in jedem Haushalt zu finden waren. Es sind Gehäuse in die man eine mit Torf- oder Kohleglut gefüllte Teste schob. Für das Teestövchen gab es auch kleine, mit Rüböl gefüllte Behälter, auf denen ein Schwimmer („Driever") mit Docht trieb.

Teestövchen — auf der Scheibe des Töpfers geformt oder vom Messingschläger bearbeitet — haben stets eine durchbrochene, oft bewundernswert feingemusterte Außenwand. Die Glut in der Teste aus Ton oder Eisenblech wird ausreichend mit Sauerstoff versorgt. Wie ein Geländer oder Gitter wirkt der hochstehende Rand der Messingstövchen. Er

35 Kluntjeknieper. Eisen 19. Jhdt

verhindert das Abgleiten der Kanne. Die ersten Stövchen, ursprünglich aus Ton, hatten keine Teste; die glimmende Torfglut lag auf dem Boden des Gefäßes.

Wie man den Tee aufbewahrt, so hält er sich auch. Das heißt: Er darf nicht mit anderen stark duftenden Substanzen oder Kräutern in Berührung kommen, nicht einmal in ihrer Nachbarschaft lagern. Das alles wußten schon die Japaner, als sie die luftdicht verschlossene Teebüchse erfanden. Sie war ursprünglich aus glasiertem Ton und mit einem Deckel aus Elfenbein verschlossen. Ostfriesische Teedosen sind aus Messing, Porzellan, aber auch aus Silber, Zinn, Glas oder Blech. Ihr Merkmal ist der festschließende Deckel („Döppsel"), der neben der üblichen Teeschaufel als Meßbecher für die Teemenge dienen kann. Teedosen sind im allgemeinen zylindrisch oder eckig mit einem nach oben verjüngten Abschluß, zum Teil auch von flacher, ovaler Form.

Breit ist die Skala der Formen und Materialien für Teesiebe, die — vor allem aus Silber — während des 19. Jahrhunderts aufkamen. Vom silbernen Schälchen, das mit einem Kettchen oder Bügel am Kannenausguß hing, bis zum schwenkbaren Feinsieb mit Untersatz haben Kunsthandwerker und später die Industrie eine reichhaltige Auswahl von Hilfsmitteln ersonnen, um Teeblätter aufzufangen. Beliebt sind auch heute noch aus feinen Drähten hergestellte und mit einem gebogenen Drahtbügel versehene „Teebesen", die man in die Tülle steckt. Um das Abtropfen zu vermeiden, benutzten viele Hausfrauen einen schwammartigen Tropfenfänger, der mit einem Gummiband am Kannendeckel und am Henkel befestigt war. Heute verwendet man vorwiegend „Manschetten" aus saugfähigem Papier. Nach wie vor legt man in vielen ostfriesischen Haushalten Wert auf eine Teekanne mit einem durchlöcherten Deckel, der durch ein Band mit dem Kannengriff verbunden werden kann. Einfache Leute behalfen sich früher anders: Sie hielten den Kannendeckel bei jedem Einschenken mit dem „Schöddeldook" (Wischtuch) fest, das gewöhnlich auf dem Küchentisch lag. Tatsächlich soll der heiße Dampf durch das Loch im Kannendeckel entweichen.

Ein wenig aus der Mode geraten sind die kleinen Deckchen, die fingerfertige Hausfrauen nach Vorlage oder eigenen Motiven selbst bestickten und aufs Teetablett legten. Fast vergessen sind auch Zierdecken, die früher die Vorderseite eines Schenktisches schmückten; sie verkündeten in gedruckter oder aufgestickter Schrift: „Ostfriesische Gemütlichkeit hält stets ein Tässchen Tee bereit."

Zwei ostfriesische Besonderheiten sind erwähnenswert:

1. Weil der Teeimport seit der zweiten Hälfte des 18. Jahrhunderts vor allem über London erfolgte, kam zusätzlich englisches Geschirr ins Land: Steingut und die vielbegehrte Cream Ware mit sahnefarbener Glasur. Die von Wedgwood entwickelte dunkle Basalt Ware mit antikisierendem Dekor wurde nur bei besonderen Anlässen verwendet, in einigen ostfriesischen Familien zum Beispiel bei Trauerfeiern.
2. Raritäten im Museums- und Privatbesitz sind die von einem bislang unbekannten Meister in Ostfriesland hergestellten Teedosen aus Messingrahmen mit gläsernen Wänden, hinter die kolorierte Kupferstiche geklebt sind. Sie stammen vermutlich aus der Zeit um 1770 und sind laienhaft gearbeitet.

36   *Stövchen. Porzellan, Löwenkopf-Motiv*

Teegebäck und Backrezepte

Nicht ohne Grund haben die Ostfriesen den Butterkuchen in „Teekuchen" („Teekook") umgetauft. Ein etwa zweifingerdickes Stück von einer Hefeteigplatte, locker aufgegangen und mit einer dünnen Schicht Streuzucker, Butterflöckchen und Mandelblättchen als Auflage entspricht ihren Vorstellungen von einem idealen Gebäck zum „Nationalgetränk". Bei festlichen und feierlichen, bei frohen und traurigen Anlässen in größerer Runde gehört der „Teekuchen" auf den Tisch. Als typisch ostfriesische Spezialität hat er viele „Konkurrenten" aus früheren Tagen überlebt. Wer kennt schon noch die nach altostfriesischen Rezepten zubereiteten Mandelharten, Kaneelbrotjes, Sirupskookjes, Plumtortjes und Susjekringels, die einst auch als gebackene Delikatessen zum „Koppke" gereicht wurden?
Nur wenige, vor allem jahreszeitlich oder regional übliche Gebäcksorten sind bis in unsere Tage nicht in Vergessenheit geraten. Dazu zählen die hauchdünnen, gerollten Neujahrskuchen, die zwischen Weihnachten und Silvester in vielen Haushalten im Waffeleisen gebacken werden und zu einer Teestunde in der dunklen Jahreszeit gehören. Dazu zählen gleichfalls die im nördlichen Ostfriesland bekannten „Bankettnamen" für den Weihnachtsteller, die Hinter „Pepernöten", die Hager „Marktbrötjes", die Spekulatius landesüblicher Art und die „Stutenkeerls" zum Nikolaustag. Der zum Wochenende gekaufte, mit Rosinen und Korinthen gespickte „Krintstuut", der in Ostfriesland seinem Namen alle Ehre macht, und der Zwieback werden in vielen Familien als eine Art Ersatz für Kuchenprodukte zum Tee gereicht. Den Zwieback schätzt der Ostfriese in mehreren Variationen: ungesüßt oder als Zuckerzwieback mit Glasur oder Streuzucker, mürbe oder kroß, rund oder eckig.
Trockenes Gebäck genießt den Vorrang — zumindest zum Tee. Cremetorten wurden in den meisten Haushalten früher nur zu hohen Festtagen oder bei besonderen Familienereignissen gebacken. Die berühmte „Knüppeltorte" und der Schneckenkuchen — für den es mehrere Rezepte gibt — blieben seltene Genüsse, vermutlich wegen der aufwendigen Zubereitung. Und auch nicht jeder Bäcker kannte sich in den Geheimnissen solcher Spezialitäten aus. Zudem war es üblich, daß die Hausfrau den selbst zubereiteten Kuchenteig in die Bäckerei zum Abbacken trug.
Kleine Kuchen wie Kekse, Mürbe- und Spritzgebäck oder Blätterteigkränzchen hat man stets im Haus. Hinzu kommen in der Adventszeit die vielen verschiedenen Honig- und Gewürzplätzchen, Pfeffernüsse, „Moppen" und Schokoladenlebkuchen. Auf der Zunge zergehen die zarten, knusprigen Blätterteigbrezeln, die als „Friesische Leiden-

schaften" noch heute in Jever hergestellt und ofenfrisch verpackt werden. Die ursprüngliche Backanleitung stammt aus Zerbst; sie erinnert an jene Zeit, als die Herrschaft Jever von 1667 bis 1793 zu Anhalt-Zerbst gehörte.

Versuchen Sie einmal einige traditionelle Rezepte:

Teekuchen

Zutaten: 400 g Mehl, 40 g Hefe, 1/4 l Milch, 75 g Zucker, 75 g Fett und eine Prise Salz.
Für den Belag: 150 g Zucker, 150 g Butter, 50 g gehobelte Mandeln oder 2 Teelöffel Zimt.
Die Hefe mit etwas warmer Milch und 2 Teelöffeln Zucker verrühren und zum Aufgehen warm stellen. Die restliche Milch mit Fett, Zucker und Salz erwärmen und zu einem Teig verarbeiten. Hefeteig muß kräftig durchgeknetet werden. Wenn er sich vom Schüsselrand löst und nicht mehr an den Händen klebt, ist er gut. Man sagt: Hefeteig will gequält werden, desto besser und lockerer wird der Kuchen. Den ausgerollten Teig gibt man auf ein gefettetes Backblech und läßt ihn so lange stehen, bis er etwa die doppelte Höhe erreicht hat. Vor dem Abbacken setzt man Butterflöckchen auf den Teig und streut die gehobelten Mandeln und den Zucker darüber. Man kann auch zerlassene Butter und Zucker mit Zimt auf dem Teig verteilen. Der Kuchen ist in 10 bis 15 Minuten bei 200 Grad Backofenhitze gar.

Teezwieback

Zutaten: 250 g Mehl, 100 g Butter oder Margarine, 90 g Zucker, 1 Ei, etwas Salz, eine Prise Vanillezucker oder die geriebene Schale einer Zitrone, 1/2 Päckchen Backpulver.
Das gesiebte Mehl wird als Kranz auf ein Backbrett gegeben. In die Mitte gibt man die anderen Zutaten und verarbeitet alles zu einem glatten Teig. Aus dem bleistiftdünn ausgerollten Teig werden runde Plätzchen ausgestochen, auf ein gefettetes Backblech gegeben und knusprigbraun gebacken.

Neujahrskuchen

Aus 500 g Mehl, 250 g zerlassener Butter oder Margarine, einem Ei, 375 g Zucker, zwei Beuteln Kardamom und abgekochtem Wasser wird ein weicher Teig zubereitet, der leicht vom Löffel fließt. Statt Kardamom eignet sich auch Anissamen als Gewürz. Das Waffeleisen wird erhitzt und mit einer Speckschwarte eingerieben. Pro Waffel gibt man einen Löffel Teig in das Eisen. Wenn der Dampf entwichen ist,

ist die Waffel gar. Sie muß, bevor sie hart wird, in die gewünschte Tütenform gebracht werden. In einer gutschließenden Dose bleiben die Neujahrskuchen kroß und schmecken nach Wochen noch so gut wie am ersten Tag. Die angegebenen Zutaten reichen für etwa 125 Kuchen. Früher verwandte man statt Zucker aufgelösten Kandis zum Süßen.

Knetwaffel („Knedewaffel")

Zutaten: 500 g Mehl, 250 g Zucker, 125 g Butter, 3 bis 4 Eier und 2 Beutel Kardamom („Kardemumm", „Kemmumm" oder „Kadmumm").
Das Ganze wird ohne Zusatz von Wasser oder Milch zu einem festen Teig geknetet. Sollte er zu fest werden, kann man noch etwas Fett dazugeben. Aus dem Teig werden Kügelchen gerollt, die dann im Neujahrswaffeleisen gebacken werden. Die Waffel wird vor dem Erkalten geformt. Zur Zeit der offenen Herdstellen wurden vorwiegend diese Waffeln bereitet. Die zangenförmigen Waffeleisen stellte der Schmied her, der neben überlieferten Ornamenten auch Familienwappen als Grundlage für die Verzierungen verwendete.

Ostfriesischer Schneckenkuchen (Originalrezept nach Bäckerart)

Zutaten: 300 g Mehl, 100 g Butter, 65 g Zucker, 1/4 l Milch, 1 Prise Salz und 40 g Hefe; Zutaten zur Füllung: 125 g Zucker, 200 bis 250 g Butter, 50 g Sukkade, 50 g Orangeat, 1 Eßlöffel Zimt, 60 g gemahlene Mandeln, 250 g Rosinen und drei Eßlöffel Rum.
Die Hefe mit etwas Zucker und zwei Eßlöffeln Milch verrühren und etwa 15 Minuten stehenlassen. Die zerlassene Butter mit Milch, Zucker und Salz vermischen, das Mehl in eine Rührschüssel geben und mit den vorbereiteten Zutaten einen Teig bereiten. Der Teig muß kräftig durchgearbeitet werden und anschließend gut eine Stunde zum Aufgehen warm stehen. Die Zutaten für die Füllung bis auf die Butter vermengen und eine Weile durchziehen lassen. Die Butter wird erwärmt. Etwa die Hälfte gibt man unter die Mischung, mit dem Rest wird der Teig eingepinselt. Aus dem so dünn wie möglich ausgerollten Teig wird eine kreisrunde Platte in der Größe der Springform herausgeschnitten und in die gefettete Backform gelegt. Aus dem restlichen Teig fertigt man dünne Quadrate, die man mit zerlassener Butter bestreicht, die Füllung darauf verteilt und anschließend fest aufrollt. Dann schneidet man etwa drei Zentimeter lange Stücke von der Rolle ab und setzt sie aufrecht auf den Teigboden. So wird das Blech mit den kleinen Schnecken ausgefüllt. Der vorbereitete Kuchen muß mindestens noch eine Stunde in der warmen Küche aufgehen. Bevor man ihn in den vorgeheizten Ofen schiebt, wird er mit zerlassener Butter eingepinselt. Die Backzeit beträgt etwa 45 bis 50 Minuten bei 175 Grad Hitze.

Ostfriesische Knüppeltorte

Zutaten: 500 g Mehl, 2 Tassen süße Sahne, 3 Eier, 4 Eigelb, 100 g Zucker und reines Schweineschmalz zum Ausbacken.
Weitere Zutaten: 750 g Zucker, etwas Wasser, 1 Teelöffel Zimt, 1 Teelöffel gemahlene Nelken, ¹/₂ Teelöffel Kardamom, 200 g süße Mandeln, 60 g Orangeat, 60 g Zitronat und 2 Weingläser Rum.
Erforderlich für den Backvorgang ist eine Spring- oder Kastenform mit einem Deckel oder Holzbrettchen, das genau in die Form hineinpaßt.
Aus Mehl, Sahne, Eiern und Zucker bereitet man einen Teig, der kräftig geknetet und dann auf dem Backbrett ausgerollt wird. Man schneidet Streifen heraus, etwa 1 cm breit und 3 cm lang, die in heißem Schweineschmalz goldbraun gebacken werden. Man läßt 750 g Zucker und etwas Wasser so lange kochen, bis eine sämige Masse entsteht, die Fäden zieht. Die Gewürze mit Mandeln, Orangeat und Zitronat werden in der Zuckermasse gut verrührt; danach werden die erkalteten Teigstückchen mit 2 Weingläsern Rum dazugegeben. Das Ganze wird unter ständigem Rühren zum Kochen gebracht. Die entstandene dicke (klebrige) Masse wird in die Spring- oder Kastenform gefüllt, die mit geöltem Pergamentpapier ausgelegt ist. Darauf wird gefettetes Papier und schließlich der passende Deckel bzw. das Holzbrettchen gelegt. Ein Gewicht sollte die Masse beschweren. Nach 24 Stunden ist die Knüppeltorte hart und läßt sich stürzen.

Ostfriesische Tee-Anthologie

Heinrich Heine weilte 1826 im aufstrebenden Seebad Norderney. In seinen „Reisebildern" gab er der Nachwelt eine Charakterstudie der ostfriesischen Insulaner. Abfällig äußerte er sich über deren Teegenuß: „Das Seefahren hat für diese Menschen einen großen Reiz; und dennoch, glaube ich, daheim ist ihnen allen am wohlsten zu Mute. Sind sie auch auf ihren Schiffen sogar nach den südlichen Ländern gekommen, wo die Sonne blühender und der Mond romantischer leuchtet, so können doch alle Blumen dort nicht den Leck ihres Herzens stopfen, und mitten in der duftigen Heimat des Frühlings sehnen sie sich wieder zurück nach ihrer Sandinsel, nach ihren kleinen Hütten, nach dem flackernden Herde, wo die Ihrigen, wohlverwahrt in wollenen Jacken, herumkauern und einen Thee trinken, der sich von gekochtem Seewasser nur durch den Namen unterscheidet..."
Entweder haben die Norderneyer tatsächlich einen „abscheulichen" Aufguß geschlürft (was kaum anzunehmen ist) oder Heine konnte der ostfriesischen Zubereitungsart keinen Reiz abgewinnen. Für das Getränk hatte der Dichter durchaus eine Vorliebe. In einer Kurzgeschichte charakterisierte er sich als einen Genießer, der einen guten Geschmack habe und dem guter Tee gut schmecke. Er kannte sich in den landschaftlich unterschiedlichen Teetrinker-Gewohnheiten aus und hielt offensichtlich nichts von einem verwässerten Aufguß. Als der Schriftsteller Theodor von Kobbe ihn einmal zu einer Teegesellschaft einladen wollte, antwortete Heine unverblümt: „Tränke man in Deutschland so starken Thee wie in Holland, so würden Sie es nimmer wagen dürfen, den beykommenden Thee-Absud dem deutschen Publikum, welches Sie zum Thee einzuladen im Begriffe stehen, vorzusetzen, da darin wenig Theegeist, aber desto mehr Wasser enthalten ist. Nehmen Sie daher mit meinem guten Willen vorlieb."

Das wenig schmeichelhafte Norderney-Zitat zählt zu den frühen literarischen Zeugnissen über den ostfriesischen Tee. Außer Heine haben auch andere Dichter und Schriftsteller dem „Nationalgetränk" ein Denkmal gesetzt. Der französische Publizist und Politiker Mirabeau würzte im Jahre 1785 seine Eindrücke von einer Reise durch das Küstenland mit einer Äußerung über den Tee:
„Der große Verbrauch an Kornbranntwein in dieser Provinz muß vor allen Dingen den Schiffern zugeschrieben werden, welche das Land beschäftigt, zum Teil aber auch dem Gebrauch des Tees unter den Landleuten, den sie sich schmackhaft machen, indem sie hinterher ein Glas Branntwein trinken."
In der ersten Hälfte des 19. Jahrhunderts reiste der wort- und schreib-

gewandte Färbermeister Friedrich Wilhelm Röbbelen aus Rastede durch Norddeutschland. Er versuchte, in seinem offensichtlich großen Bekanntenkreis zwei selbstverfaßte Bücher an den Mann zu bringen. Über das Teetrinken in Ostfriesland notierte Röbbelen:
„Über die Gastfreiheit der ostfriesischen Landleute wird sich der Fremde im allgemeinen nicht zu beklagen haben, denn fast überall wohin er kömmt – Ausnahmen finden freilich auch statt – wird man ihm eine lange Tonpfeife bieten und bald darauf mit Thee bewirthen, ohne nach seinem Namen oder den Zweck seines Kommens gefragt zu haben; so wie er kommt, wird ein mit vier Quasten besetztes Kissen auf dem Stuhle zurecht geschüttelt und er vor dem Kamine – denn Öfen hat man daselbst fast gar nicht – zum Sitzen genöthigt. Ein Zeichen von besonderer Gunst ist es, wenn man ihn später auffordert, an einer der beiden Seiten des Kamins Platz zu nehmen, denn diese Stellen werden als die Ehrenplätze angesehen. Thee trinkt man dort sehr häufig, fast überall sowohl in den Städten als auf dem Lande in der Regel täglich drei bis fünfmal, dieser ist gewöhnlich, wenigstens beim Anfange, sehr stark und ist man damit sehr splendide, nicht aber so mit dem Zucker, in Betreff dessen wird es dem Besucher sehr empfohlen, wenn er mit dem anfänglich beigegebenen Stück bis zur letzten, etwa siebenten oder achten Tasse ausreicht."
Unter der Überschrift „Merkwürdigkeiten in Ostfriesland" erschien im Jahrgang 1892 des weitverbreiteten Christophorus-Kalenders („Christophorus der Stelzfuß") der Bericht eines unbekannten Literaten, der den Geheimnissen des „Nationalgetränks" ebenfalls auf die Spuren gekommen war:
Als noch keine Küstenbahn war, saß der Kalendermann einmal im Omnibus und fuhr von Jever her in Ostfriesland hinein. In demselben waren auch zwei Reisende, von denen der eine schon längere Jahre hier gereist hatte, während der andere zum ersten Male nach Ostfriesland kam. Der Erstere, welcher sich rühmte, Land und Leute genau zu kennen, machte den Letzteren nun auf mancherlei Merkwürdigkeiten aufmerksam, die ihm hier aufstoßen würden, und gab gute Ratschläge dabei.
„Also Abends, wo Sie auch logieren mögen in Stadt und Land, da lassen Sie sich immer Tee geben. Nirgends bekommen Sie den so vorzüglich wie hier. Ostfriesland ist das Land des Tees; die Stadt Leer soll der zweite Platz für Teehandel sein im deutschen Vaterlande und gleich hinter Königsberg kommen. Eine barbarische Menge von diesem Gewächs wird hier geschlürft, und namentlich ältere Leute rechnen den Tee zu den allernotwendigsten Lebensbedürfnissen und wollen allenfalls Brot entbehren, wenn sie nur ,'n Körrel to drinken hebben". Man bereitet den Tee hier aber auch ganz anders zu; bei uns zu Hause könnten Sie die Sorten von derselben Güte haben und Sie kriegten doch keinen vernünftigen Tropfen zuwege. Man muß den Tee nicht in einem großen Kübel bereiten, sondern in einem kleinen „Treckpott". Das Wort ist eigentlich unübersetzbar; man müßte wörtlich sagen:

Ziehetopf. Ein Porzellantöpfchen mit heißem Wasser und dem nötigen „Schuß" Tee setzt man auf ein Kohlenbecken oder Lämpchen hin zu ziehen und gießt dann nach Bedarf kochendes Wasser hinzu. Das gibt ein probates Getränk, ich sage Ihnen, ich habe erst in Ostfriesland gelernt, was Tee ist. Und dann die Zutaten, nicht zu vergessen; zum Tee bekommen Sie stets einen Zuckertopf voll Kandis — Kluntjes genannt — die schmelzen nicht so leicht als der Hutzucker, da müssen Sie gehörig rühren; und dann zuletzt ein Kännchen mit Sahne — Romkantje genannt — das gibt der ganzen Sache das erforderliche Aroma, ganz anders als die blaue Pest der abgeschöpften Milch, die man bei uns zuschüttet. — ‚Ich bin gespannt auf diesen Göttertrank', sagte der Reisegefährte..."

Der niederdeutsche Dichter Moritz Jahn zeichnete das Bild einer ostfriesischen Teestunde der guten alten Zeit:

„Auch der nur flüchtig bekannte Gast wird nicht leicht unbewirtet aus einem friesischen Haus hinauskommen, und er würde seine freundlichen Wirte verletzen, wenn er sich nicht zu ihnen an den Tisch setzte. Der Landfremde wird seine Freude haben an der netten betulichen Art, mit der ihm seine Tasse Tee mit Sahne und Kandis und im zarten, geblümten Porzellan gereicht wird. Es gehört hier zum feinen Ton, daß sie nur halb gefüllt wird — die Teekanne auf der schönen Messingstove beruhigt ihn darüber, daß das keineswegs aus Sparsamkeit geschieht. Der Ehrengast bekommt seinen Platz ‚in't Hörn', dem Armsessel des Hausherrn im Winkel neben dem Herde, und man freut sich, wenn er die Behaglichkeit der Stunde voll auszukosten weiß. In die Pausen des Gesprächs hinein, die hier länger währen können als in den beweglicheren Landschaften Deutschlands, klingt der gleichförmige Schlag der alten Kastenuhr mit den beiden buntbemalten ‚Seewiefkes' links und rechts vom Zifferblatt — man hört sie, schweigt mit und hat das schöne Gefühl: Dies ist eine Stunde, wert, gelebt zu werden..."

In seinen Reiseskizzen „Hinter dem Walde" bemerkte der Schriftsteller Gerhard Nebel:

„... Da ist etwa der Tee, der anstelle des Kaffees getrunken wird. Auf jedem friesischen Herd bullert der Teetopf, und während des letzten Krieges teilte man den Friesen Tee zu, der als ein Bekenntnis zum Stamm gedeutet werden muß, als ein Kult, in dem der Stamm sich selbst feiert. Wie Onno, der ein Krankenhaus leitet, mir erzählt, nehmen die Patienten Topf, Tasse und Tee mit in die Klinik, sie wollen nicht aus dem allgemeinen Geschirr die allgemeine Brühe trinken, sondern sich individuell und aus vertrauten Gefäßen bedienen — alles, was mit dem Tee zusammenhängt, besitzt Kleinod-Charakter. Auch die Zuckerung ist rituell, es wird Kandis gebraucht."

Der Österreicherin Rose Planner-Petelin ist Ostfriesland zur Wahlheimat geworden. In einer „kleinen Romanze" unter dem Titel „Grootehus" beschreibt sie eine Teezeremonie in einer bäuerlichen Familienrunde:

37   Teeschaufel. Silber mit Filigranornament

„Aber jetzt bitte ich um Silentium!' — Tante Theda hielt Swantje ihre Tasse entgegen, in die sie bereits einen Brocken Kandiszucker getan. Das Silentium brauchte sie, um zu hören, was für ostfriesische Ohren Sphärenmusik ist, das feine Klirren, den silbrig zarten Sprung, mit dem dieser Kandiszucker, der Kluntje, beim Eingießen des heißen Tees hörbar in Stücke ging... Am Ehrentisch war mit altem Porzellan, kleinen Tassen mit einer roten Rose am Grunde, gedeckt. Auf den Abstelltischen standen mehrere Stövchen, Rechauds, zum Warmhalten der Kannen. Zwei waren aus durchbrochenem Messing, eines aus Silber. Aus einer ebenfalls rosenbemalten Kanne versorgte Swantje den Ehrentisch. Der Tee war schwarz wie Mokka. Der Baumeister aus Emden schob der Tante die Silberschale mit der dicken süßen Sahne zu. Ein kleiner Schöpflöffel mit gebogenem Filigrangriff diente zum Nehmen... Sie hatte die Sahne vorsichtig langsam vom Rand aus in den Tee gleiten lassen, es bildeten sich die vorschriftsmäßigen Wülkje, wolkige Aufhellungen. Erst dann rührte man um, und nun der erste Schluck. Köstlich..."

Karl Krolow hat in seiner unterhaltsamen Plauderei „Deutschland — deine Niedersachsen" am ostfriesischen Täßchen Tee selbstverständlich nicht vorbeigehen können — obgleich kritisch anzumerken ist, daß er das Kapitel „Die Teestunde hat mehr als 60 Minuten" unter das Stichwort „Oldenburg" einordnet:

„Sprechen wir lieber vom friesischen Tee zu jeder Tageszeit, tiefbernsteingolden und mit leichtem Rauchgeschmack, heißer Tee allemal, der gewöhnlich auf einem Stövchen auf Holzkohle stand, als ich ihn trank. Wer denkt noch an Bremer Kaffeesäufer? Man denkt an das leise Geräusch, mit dem die Kluntjes im Tee versinken, denkt an die sahnige Milch, die unbedingt dazu gehört ... Tee wird nun einmal nicht nebenbei zubereitet. Man muß mit Sorgfalt und Zeit an die Zubereitung gehen, frisches Wasser zu jedem Kännchen kochen ... Die Teestunde hat mehr als sechzig Minuten. Sie scheint überhaupt nicht metronomisch begrenzt. Man trinkt Tee in Ruhe. Man trinkt ihn gründlich. Wie man hier gründlich arbeitet und lebt. Geduld gehört dazu. Man muß sie mit ins Land bringen, sonst hat man die falsche Ecke gewählt..."

Überschwenglich schildert Johannes Campen („Der Berg der Gerechtigkeit") die friesische Teeszene:

„Geizt nicht, wenn das Gemüt nach Tee verlangt an jedem Tag, dann bietet ihm dazu das Geistige, das Beste und nicht den Abguß, der erschlafft. Reicht das Getränk, das edle, wie einst von Hand zu Hand. Stellt nicht die Tassen auf den Tisch! Geschieht es dennoch, trinkt das Getränk sogleich, genießt es in besonnenen Zügen! Wartet nicht aus falscher Rücksicht, bis die anderen trinken, wenn es kalt und schal ist! Heiß ist gefährlich für den zarten Gaumen, sagen — die Ärzte. Jedoch, wo wohnt der Friese, der danach fragt, ob er den Mund an seinem Tee verbrannte? Teetrinker werden alt und bleiben jung im Denken, gesund an Leib und Seele, wenn sie den guten Geist in Büchern hoher Werte suchen, die noch im Alter wie Märchen aus den Jugendtagen wirken. Der Fremde sieht die Hausfrau wohlbedacht auf vieles achten, was beachtet werden muß. Mit rundem Löffelchen aus Silber schöpft sie die süße Sahne, die sinkt im dunklen Braun und taucht als weiße Blume aus dem Tee. Im Kräuseln wird das Weiße braun umrandet. Darüber freut sich jedes Friesen- und Künstlerherz. Der Friese schont die Blume; nur wer von Friesensitten nichts versteht, schlägt mit dem Löffelchen hinein, zerstört die schöne Haut, die sich gebildet. Der echte Friese schüttelt seine Tasse; genügt das nicht, dann gleitet an dem Rand sein Löffelchen hinab zum Süßen. Er schlürft mit Wohlbehagen und spürt bei jedem Tee, daß er ein wenig besser wird durch edlen Trank und durch ein gutes Teegespräch, ganz frisch und frei."

Ein Amerikaner, der vor einigen Jahren studienhalber längere Zeit in Ostfriesland verbrachte, stellte fest: „Die Gepflogenheiten des Teetrinkens der Ostfriesen sind so eigentümlich, daß sie zu den ersten Dingen gehören, die einem Nicht-Ostfriesen auffallen, wenn er in ein ostfriesisches Heim kommt, sei es in Nordamerika oder in Ostfriesland selbst. Die Bräuche, die das Teetrinken umgeben, sind dergestalt, daß sie wahrscheinlich zu den bedeutendsten Bräuchen gehören, die nicht nur die Ostfriesen und ihre Kultur zusammenhalten, sondern sie auch von den Groningern oder den Oldenburgern oder anderen Norddeutschen absondern. Wenn ein Fremder nach Ostfriesland kommt und äußert, daß er Land und Leute kennenlernen möchte, so muß er oft als erstes hören: ‚Wir Ostfriesen sind anders als die übrigen Deutschen. Wir sind die Teetrinker!' ... Die Gebräuche des Teetrinkens sind u. a. die stärksten Faktoren, die auf eine ostfriesische Identität hindeuten und die sie auch bewahren helfen. Deshalb setzt es in Erstaunen, daß die Ostfriesen erst seit etwa 250 Jahren Teetrinker sind. Eindrucksvoll ist, daß die Einführung einer ausländischen Besonderheit wie Tee in solch kurzer Zeit eine Gesellschaft formen konnte. ... Es wird wahrscheinlich ein Ostfriesland geben, wenigstens im Herzen der Menschen, so lange die Bräuche um das Teetrinken erhalten bleiben." (Vincent Erickson)

In Baltrums Franzosenzeit spielt Peter Zylmanns Novelle „Tjark Ulrichs und seine Maaten". Die wirtschaftliche Not der Inselbewohner, ihre riskanten Fahrten zum Schmugglerparadies Helgoland und die Sorge um den täglichen Tee bestimmen die Handlung. Wenn es den Schiffern gelungen war, hinter dem Rücken der einquartierten Besatzung „schwarzen" Nachschub zu beschaffen, dauerte es nicht lange, „daß an allen Herden auf der Insel wie auf Altären der Duft des Teeopfers emporstieg, wenn auch in aller Heimlichkeit".

Als ein Bestseller für die „höheren Stände" und die Jugend erwies sich seit seinem Erscheinen 1885 der Roman „Onnen Visser, der Schmugglersohn von Norderney" aus der Feder der Pinneberger Schriftstellerin Sophie Wörishöffer. Das Historiengemälde, ein Paradebeispiel der bürgerlichen Unterhaltungsliteratur in der Gründerzeit, ist ein melodramatisches Werk, in dem die Deutschen bejubelt und die Franzosen entrüstet „verprügelt" werden. Abgesehen davon ist der „Lesehit" von einst heute noch beachtenswert: Er skizziert historisch durchaus zuverlässig das Leben auf Norderney und an der ostfriesischen Küste während der Kontinentalsperre. Die Abenteuer und Tricks der Schmuggler, die den holländischen und französischen Wachtposten vor und hinter den Deichen ein Schnippchen schlagen, rollen ab wie in einem spannenden Film. Da ist die Geschichte von den Teekisten, die ostfriesische Seeleute und Fischer von den bei Helgoland ankernden Kauffahrteischiffen der Engländer holten und bei Hilgenriedersiel in ein provisorisches Versteck schleppten. Sophie Wörishöffer erzählt:

... Man mußte die Teekisten nach Emden schaffen, ohne einer einzigen der zahllosen umherstreifenden Zollpatrouillen in die Hände zu fallen, und da war guter Rat teuer, bis endlich Onnen einen Ausweg gefunden zu haben glaubte.

„Ich weiß, wie wir es machen!" rief er.

„Nun?" fragte der Kapitän, „und das wäre?"

„Die alte Kutsche, mit der Onkel Hansen seine wasserscheuen Badegäste über das Watt fährt, muß heraus und —"

„Prachtvoll!" unterbrach Klaus Visser, „wir setzen die beiden großen Lederpuppen, von oben bis unten mit Tee gefüllt, hinein. Zufällig sind die Dinger hier bei dem Krämer Hildebrandt in Hilgenriedersiel."

„Und einen Paß habe ich auch," meinte Heye Wessel. „Schwerenot, es kommt einem doch gut zustatten, wenn man mit den Schreibern auf der Präfektur zusammen zur Schule gegangen ist und für Geld und ein freundliches Wort so einen gestempelten Papierfetzen erhält, so oft man es wünscht."

Er zog einen zusammengefalteten Bogen aus der Brieftasche und las den Inhalt vor: „Reisepaß von Emden nach Norderney und auf dem Landwege zurück, für Herrn Kaufmann Poppinga nebst Sohn und Tochter! Alle Wetter, woher nehmen wir die Tochter! Meine Amke macht sonst die Fahrt mit dem alten Hansen und dreht sich und wispert wie eine richtige Dame, aber sie sitzt ja jetzt zu Hause auf Norderney!"
„Schadet nicht," rief Onnen, „was Eure Amke kann, das bringe ich auch fertig, Heye Wessel! Die Base Hurtke muß mir ihre Sonntagskleider leihen und fort geht es als Fräulein Poppinga nach Emden!"
Der alte Seebär lächelte. „Das hübsche glatte Gesicht dazu hast du Schlingel, bist auch durchtrieben genug für ein lustiges Schelmenstück..."
... Gegen neun Uhr morgens entwickelte sich hinter verschlossenen Türen ein eigentümliches Schauspiel. Frau Antje holte vom Krämer die beiden Lederpuppen, in denen der Tee durch das Land geschickt zu werden pflegte, umfangreiche Männergestalten mit Gesichtern und Perücken, die im Sitzen, namentlich bei etwas zweifelhafter Beleuchtung, von lebenden Menschen nicht so leicht unterschieden werden konnten. Man fuhr sie unter den verschiedensten Namen und auf allen Wegen des Landes schon seit langem umher, und wo sie im Dunkel des Abends hinter irgendeinem Torweg verschwanden, da wurde schleunigst eine Hinrichtung vollzogen — der Kopf fiel ab, der Rumpf neigte sich und der ganze Herr Baron oder Präsident schrumpfte zusammen zur bloßen Mumie, während vierzig bis fünfzig Pfund Tee von flinken Händen in ein sicheres Versteck überführt wurden.
An diesem sonnigen Morgen erhielten die ledernen Herren ihre Füllung als Kaufmann Poppinga und Sohn. Heye Wessel, der Riese, stopfte mit den langen Armen so viele Pfunde Tee in die Puppen hinein, wie diese nur zu fassen vermochten. Dann bekleidete man sie auf das ausgesuchteste, zog ihnen Handschuhe an, kämmte Bart und Haar und setzte sie in die große alte Kutsche...
... Onnen hielt sein Kleid zierlich in beiden Händen, er hatte das Gesicht tief verschleiert und über die braunen derben Knabenfäuste ein Paar Handschuhe gezogen...
... Der schwere Wagen rumpelte aus dem Gehöft hinaus und die Lederpuppen nickten mit den Köpfen. Onnen fühlte sich hinter seinem Schleier keinesfalls behaglich... Sobald aber eine französische Streifwache nahte, begann das Vergnügen. Der Kutscher hielt, ein bärtiger Zollwächter trat an den Schlag und fragte nach dem Passe. Onnen reichte ihm das Blatt. „Wir haben so große Eile, mein Herr! Ach bitte, bitte, der arme Vater ist leidend."
Die Zollbeamten sahen seine schönen Augen, seine Seufzer und das hübsche verschleierte Gesicht; sie warfen nur einen einzigen Blick auf den Namenszug des Präfekten Jeannesson und gaben dann den Paß zurück. „Alles in Ordnung. Reisen Sie glücklich, Mademoiselle!"
... Mehr als zweihundert Pfund Tee steckten in den beiden Puppen, das war ein barer Verdienst von 180 Frank; denn die Franzosen

erhoben damals eine Steuer von 90 Frank für den Zentner. Onnen wollte bei Düke Mommsen die Ware am gewohnten Orte verbergen und dann mit Hans Houtrouv, dem Krämer, abrechnen.

Der Wagen fuhr durch das Stadttor von Emden und ungehindert bis zur Westerbutfenne. Düke Mommsens Gasthof ... war erreicht. Es dunkelte stark ... Onnen wollte eben mit einem Seufzer der Erleichterung fein jüngferlich aus dem Wagen steigen, als vom Hofe her ein Offizier der Zollwache langsam hervortrat und die Hand auf den Schlag legte, um ihn zu öffnen.

„Ich bitte, mein Fräulein, den Paß!"

Onnen gab ohne ein Wort das Dokument — jetzt fühlte er, daß ihm das Herz stärker schlug.

„Alles gut", nickte der Offizier, „wollen die Herrschaften aussteigen?"
In der Tür erschien in diesem Augenblick Düke Mommsen, der Wirt. Er hatte den Wagen des Wattführers erkannt und beeilte sich, die Aufmerksamkeit des Franzosen abzulenken. „Ach", rief er, „das sind meine kranken Gäste! — Schnell, Lorenz, schnell, fahre auf den Hof, der alte Herr liebt es nicht, wenn ihn die Leute so ansehen!"

„Monsieur Renard," setzte er hinzu, „wenn es Ihnen gefällig ist, das Abendessen wartet!"

Der Franzose nickte stumm; er sah immer dem verschwindenden Wagen nach und wollte dann wie zufällig durch den Torweg gehen, aber der Wirt hielt ihn zurück. „Monsieur Renard, auf ein Wort!"

„Nun?"

„Haben Sie das junge Mädchen näher angesehen?"

„Weshalb?", fragte stirnrunzelnd der Offizier, „ich kenne die Dame nicht."

„Aber sie ist reich, besitzt viele Tausende!"

Der Offizier zuckte die Achseln. Ohne ein weiteres Wort wandte er sich zum Torweg und ging hinein.

Düke Mommsen lächelte vergnügt. Während der halben Minute, in der er den Franzosen aufgehalten, hatten seine Knechte die beiden Lederpuppen in Sicherheit gebracht, das wußte er....

38 In de Hörn bi't Füür. Postkarte   um 1900

Tee-Döntjes

Auf dem Höhepunkt der Ostfriesenwitz-Welle Anfang der siebziger Jahre machten auch ein paar Spottsprüche über das Teetrinken bundesweit die Runde. Auf die Frage, was der Ostfriese zum Frühstück zu sich nehme, gab es die verblüffende Antwort: drei Tassen Tee und ein Stück Torf. Wer wissen wollte, weshalb bei den meisten Ostfriesen das rechte Auge blau ist, las in Witzbüchern die Begründung: Weil sie beim Teetrinken vergessen haben, den Löffel aus der Tasse zu nehmen. Der „ostfriesische Vierkampf" bestand nach Ansicht der Spötter aus „Lesen, schreiben, rechnen und Teebeutelweitwurf". Gescheiter und historisch gar nicht einmal so unsinnig war die Behauptung, daß die Ostfriesen eine Forderung der französischen Revolution von 1789 sofort begriffen haben, nämlich: Lieber Tee! (liberté).

Doch was sind diese überwiegend läppischen Frozzeleien gegen die vielen Döntjes, Riemkes und Vertellsels, die Ostfrieslands Dichter und Denker, Schriftsteller, Journalisten und Gelegenheitsliteraten zum Thema Tee ersinnen und in Zeitungen, Büchern oder Kalendern unter die Leute bringen. In Poesie und Prosa, mit Pfiff und Pointe schreiben sie auf ihre Art ein Kapitel Teegeschichte, zumeist in plattdeutscher Mundart. Manche Begebenheiten ähneln sich oder kehren immer wieder — wie etwa die Geschichte von dem Mann, der an einem Tag 50 Tassen trinken mußte, weil er die Bräuche des Landes nicht kannte und den Löffel nicht in die Tasse legte. Gleich in mehreren Versionen kursiert die Schnurre von der zerstreuten Bäuerin, die ihren Gästen klares Wasser in die Tassen goß; sie hatte vergessen, die nötige Teemenge in die Kanne zu geben. Umgekehrt soll es einer Frau ergangen sein, die ihren Besuchern einen nachtschwarzen Sud kredenzte; sie hatte in der Aufregung gleich ein halbes Pfund in den „Treckpott" geschüttet. Das Schmunzelkabinett der ostfriesischen „Tee-ologen" ist reich an solchen Episoden, Beobachtungen und Betrachtungen. Wie wär's mit ein paar Kostproben?

De „refermeerte Kyrioleis"

Vader seggt: „Moder, maak uns 'n Koppke Tee, dat Water kaakt." Moder dreiht hör Ohr'n na de Füürherd hen un meent: „Nä, 't kaakt noch neet, dat is erst de Tibbensang (Tibben wurden die Mennoniten genannt, die als besonders fein galten). Na 'n Tied seggt Vader: „Nu kannst man de Tee in de Treckpott doon, nu kaak't." „Nä", seggt Moder, „das is man erst de lütterse (lutherische) Bruller, man ik will de

Treckpott utspölen un de Tee all ofmäten." Vader rökelt wat in de Füür herum, dat Brusen van't Water word sachter, un de Deckel van de Ketel fangt an to trillen. „So", seggt Moder, „dat is't refermeert' Kyrioleis, nu kaakt't."
(Volksmund)

Tee as Medizin

Dat ick noch läv, so glöv ick wiß, verdank ick de Tee. Ick was erst 'n poar Dag up de Welt, do fung mien Maag an to rebelleren. Dor wull nix binnen blieben. Un na eenig Dagen weer ick blot noch Huut un Bunk. De Dokter wuß sück keen Raad mehr un de Paster muß mi de Notdöp gäben, denn ick sull doch tominst noch as Christenminsch ut disse Welt. Kiek: Un do keem mien Mooder up de Gedanke, de goode Gedanke, mi löpelwies swarten Tee intogäben. Erst 'n poar Drüpp, denn immer mehr, un dat hett hulpen.   (Ewald Christophers)

Aus der Schule

Lehrer Willms bemüht sich, den Schulanfängern das Wort Tee schreibgerecht beizubringen. Zuvor sollen die ABC-Schützen jedoch selber auf das Wort kommen. Er fragt, was die Kinder denn zu trinken bekämen, wenn sie durstig seien. Milch, Wasser, Brause werden genannt, aber das gesuchte Wort fällt nicht. Da wendet sich Willms an den kleinen Berend: „Na, mien Jung, watt hett Moder denn smörgens in 't Treckpott?" Strahlt Berend: „Schnaps, Mester!"
(Carl Theodor Saul)

De Düvel un de Tee

Um en Koppke Tee — dar dreiht sük dat doch all um! — Un dat was rein miss, as dat in de schovel Tiet na de narre Oorlog kien Knibbelke to kopen gaff! Ji harrn Oll-Magreetje-Möh sehn sullt, wo se do an't Zantern un an't Stennen was! — „Wat wull ik dar neet för geven, wenn ik en Drüppke Tee harr!" — Dat hett se wall hunnertmal up de Dag seggt. Uptletzt hett dat de Düvel höört! Jung, dar muss he achter to! Dar gaff dat seker wat för hum to arven!
Eenes Daags was Magreetje-Möh hör Diederk na de Uiterdiek gahn. He wull kieken, of dar wall en Stückje Holt andreven was, wat se in de Ovend brannen kunnen. Do stappde de Düvel, de sük as en Minsch verklett harr, bi hör in de Köken. „Hebben Ji wall en Kluckje för mi to drinken, Moderke?" froog he heel nüütjes. „Mien leve Mann", antwoorte dat Ollsche, „ik kann Jo kien Koppke Tee vörsetten. Sünd Ji neet mit en bietje Melk tofree? Dat is wall van uns Zege..." „Dat is mooj!" reep de Düvel, de all dat, wat Hoorns harr, lieden much.

*39 Ostfriesen nach Feierabend bei einer Tasse Tee.
Farbige Postkarte um 1900*

„Wenn Ji man Melk hebben, dann komen wi dar gau mit torecht. Tee un Kluntjes hebb ik sülvst bi mi!" Dat was di en Bliedschupp för Magreetje-Möh! Dat düürte man so even, do satten se vör de dampende Koppkes. — „Dat smeckt verdullt lecker," prahlte dat Ollsche. „Ja", see de Düvel. „Dat is en gode Zoort. Ik hebb dar ok man en lüttje Pund mehr van." Magreetje-Möh mook grote Ogen. „En hele Pund? War dat so betüün is!" De Düvel smüsterte. — „Well en bietje küütje—büütjen deit, de bruukt kien Kröök to lieden. Wo is dat? Hebben Ji en olle wullen Tröje van Jo Mann för mi liggen? Ik bün alltied so klöömsch. — Dann kunn ik Jo de Tee laten!" Ja, en dicke Tröje harr se wall. So was de Hannel bold ofsloten!
Van nu off an keek de Düvel elke Maand to. Magreetje-Möh kreeg hör Tee — un he sien Stück Kleer. Dat wur dar bi lüttjen bloot all minner bi, bit de Frau neet mehr weten dee, wat se hum noch geven sull. „Laat mi man even sülvst in dat Kleerschapp luren," see de Drummel do. „Kiek, dat hebb ik al langst söcht!" „Dat moje Sönndags-Packje..." jöselte dat Ollsche. „Wat sall mien Diederk nu antrecken, wenn he na de Karke will!" De Düvel wüss hör to beprooten. — „Och, för dat enkelte Mal in de Weke, war he dat Tüüg bruken deit! Jo Mann löppt ja noch neet up dat Unnerste. — Un up dat Buterste kummt mi dat heel neet up an, wenn dat Hart man swart is!" „Tja, dann van Noot," dreihte dat Ollsche bi. Hör Diederk much ok wall van hör Tuuscheree niks marken. So lange as dar wat was, froog he neet, war

95

dat heer kwamm. Eerst wenn dat up was, wull he weten, war dat bleven was. Man so gung dat sönndags, as he fragen dee: „War is mien neje Packje denn?" „Hangt dat dar neet?" see sien Ollsche, de sük niks marken leet. „Ne!" — Diederk-Ohm kunn sien Tüüg neet finnen, wenn he dat Kleerschapp ok haast up de Kopp stellen dee. — „Of mi dat well strandjet hett?" simeleerte he. Dor was niks an to maken. Diederk-Ohm muss sönndags in't Huus blieven.

Veer Weke later was Magreetje-Möh dar wer sünner. Man de Keerl mit sien Tee leet hör neet in Stich. Diederk-Ohm was al up't Bedde gahn. Sien Daagse-Bücksen harr he over de Stohl hangen. — „Kiek", see de Düvel, de dat gliek in't Vermick kriegen dee. „Dar hebben wi futt wat to tuschen." „Ne, ne!" reep Magreetje-Möh. „Wat sull mien Diederk dann maken, wenn he mörgen hen to warken mutt!" „Ji hebben all wat mit Jo Knojen un Warken," bedusselte hör de Düvel. „War is dat goot för, wenn dar kien Koppke Tee bi over blifft?" Ja, dar harr he recht in. Diederk-Ohm mook de anner Dag en bedröövt Gesicht, as he up't Unnerste dör de Köken krupen dee un all Hoken un Hörns bilangs gung, sünner sien letzte Bücksen to finnen. Nu kunn he neet mehr to de Döör ut gahn! Man he bedaarte sük, as sien Ollsche hum en lecker Koppke Tee vörsetten dee.

Middelwiel was dat Winter worn. Un se kunnen kien Füür böten, um dat Diederk niks antotrecken harr, dat he buten na Holt söken dee. Bit eenes Avends weer de Düvel kwamm. — „Junge, Junge", reep he. „Wat is dat kolt! Koomt beide mit mi! Dann kööt Ji de hele Dag bi dat warme Füür sitten un Tee drinken!" Diederk-Ohm schüttkoppte. — „Dat was so wat, wenn ik in mien Unnerbücksen mit Jo gung." „Dar weet ik Raat för," antwoorte de Düvel. „En Bücksen un Jacke hebb ik mitbrocht!" Diederk-Ohm wüss neet, wat he to sehn kriegen dee. — „Dat is ja mien egen Kleer, wat mi wegkommen is! Wat seggst du nu, Magreetje?" Magreetje-Möh see dar lever niks up. Man dat se dar up ingungen, wat de Keerl hör nett anboden harr, dat kunnen se doch licht doon. „Dann koomt man gau!" dreev de Düvel hör. „Anners geiht mi dat Füür ut!"

So moken se sük up de Padd. Man wat was dat? Bi Koopmann Sanders brannte noch Lücht! — Un buten stunn en Peerd un Wagen, war se mit en Schienfatt bi an't Oflanden wassen. „Ji wunnern Jo seker," reep de Koopmann. „Dat gifft weer Tee to kopen!" „Tee...?" see Magreetje-Möh bloot. „Ja, Tee!" see Sanders. „Ji kööt Jo Part gliek mitkriegen!" Do hulp dat neet, dat de Düvel all puren dee: „Maakt futt! Maakt futt! Wi mutten maken, dat wi wiederkomen!" As dat Ollsche hör Tee van de Koopmann kregen harr, do neihte se in Zuckeldrafft up hör Huus an. Un Diederk-Ohm as en Hundje dar achter an! Wat wur de Düvel dar do mall! Nu wur dar niks mehr van, dat he de beiden in de Pickpanne kriegen dee!

„Wat gifft dat wall stuurder to packen as de Oostfreesen," böllke he vergrellt. „Wenn se eerst bi hör Teepott sitten, dann kann hör dar kien Düvel mehr bi weg halen!" (Rieks Janssen-Noort)

Omas Tuddelduuf

Man Oma, wa 's dr nu loos?
Up de Teedisk 'n Teeroos?
Un Suusches? un Pluumtort?
(Van letzt Sönndag upspaart;
Man ick segg niks, 'k holl de Snabel!)
Hi — hi — hi —

Un 't Ollske, sieden Sgude vöer,
Luurt stadig döer de Glasdöer.
De 's reinkant heelndall narsk:
Sülvern Ruukdöös in de Slipptarsk;
(Mit Brannwien! Holl de Snabel!)
Hi — hi — hi —

Kummst dr achter? Och leef Tied!
Nu wor 'k mien gode Luun kwiet:
— — dree, veer, fief, seß Staafkes,
Gifft — veer, fief, seß Haafkes
To snatern. (Holl de Snabel!)
Hi — hi — hi —

A — süh dor! de Döer geiht!
Dat is Naber sien Aadlheit!
Dor 's Tädjemöh; oll Heinkmöh;
Lütt Greetjemöh; — un Taalkemöh!
(Wat 'n Ootjes! wat oldmoodsk!)
Hu — hu — hu —

„Nä, Oma, wat nüdelk!
Wat har Ji 't gemüdelk!
Dit Glassgapp! — un de Stuuf!
In de Gang de witte Roopduuf — !"
Meenst mi woll? Holl de Snabel!
Hua — hua — hua —

Kukarua! Up Wärsehn!
(Wat de sück vertelln deen!)
Hahahua — hi — hi!
Ija — hahua! hi — hi!
So 'n Teefisiet! ('k holl de Snabel!)
Hu — hu — hu —

Noch 'n Prootje bi de Huusdöer.
Dor sliertjet van de Tuun her!
Up Toontjes in de Stuuf rin,
Stoppt gribbs-grabbs to de Tarsk in
All Resten van de Tellers —
Blifft niks!
Hi — hi — hi —

Wenn Oma in de Stuuf kummt,
Hi — hi! wenn 's wär rinkummt!
Denn luurt s' di! hi — hi — !
Un sgellt di! hi — hi:
De bliksemse Kinner!
Oma — Teefisiet! hi — hi —
So 'n Teefisiet! hi — hi! —
Teefisiet! Teefisiet!
U — hu — hu —

(Arend Dreesen)

Import aus Ostfriesland

Als sich kurz vor Ausbruch des zweiten Weltkrieges die Bewirtschaftung von Lebens- und Genußmitteln abzeichnete, sagte ein NS-Parteifunktionär zu Carl Röver, dem damaligen Gauleiter von Weser-Ems: „Nun wird das mit den Tee-Importen aus dem Ausland wohl auch bald aufhören." Darauf Röver: „Da sollten wir uns keine Sorgen machen, wir haben ja den ostfriesischen Tee!" (Volksmund)

Düvelsdrank

Das im Jahre 1806 errichtete alte Pastorenhaus, das dem Geestdorf Strackholt ein besonderes Gepräge gab, wurde vor einiger Zeit abgerissen, ebenso das im Jahre 1828 errichtete Küsterhaus. Für Ostfriesland besaß die Pastorei eine gewisse historische Bedeutung, denn in ihr wohnte einst der bekannte Kanzelredner und Erweckungsprediger Remmer Janssen. Seine Reden erschütterten die Menschen. „He steiht achter sien Worden," sagten die Zuhörer, und das Konsistorium in Aurich vermerkte: „Janssen besitzt offenbar die Gabe, den einfachsten Worten und Gedanken einen solchen Nachdruck zu verleihen, daß sie die Einwirkung auf Herz und Gemüt nicht verfehlen." Besonders wetterte Janssen gegen den Alkohol. Auf der Kanzel rief er: „Alkohol — Teufelstrank — Höllenwasser!" Einst trat er in eine Stube, in der drei Frauen am Teetisch saßen. Janssen begrüßte sie: „Guten Tag, ihr vier!" Die Frauen meinten verwundert, sie wären doch nur zu dritt. „Und der Teufel", schrie Janssen, „er sitzt ja schon mitten unter euch!" Die Frauen hatten keinen Tee, sondern Branntwein in ihren „Koppkes". (Volksmund)

Fieravend

„Kinner, wat is't ok'n Weertje,"
reep Vader, do he na Huus kwamm,

„O, wo jank ick na Tee, man ick hör woll:
dat Teewater singt al.

Moder, lang du mi man even
een dröög Paar schaapwullen Hosen;

Wichtje, maak du dien Vader
wat Fidibussen för 't Dövke;

Jungske, un du haalst mi gau
uns Bladdje van d' Nahber, wat meenst du?"

Ja, un denn settde sük Vader
mit'n deepe Sücht in sien Hörnstohl,

eerst de Beenen in d' Ovend
un nahst de Stoov unnerd Footen,

. . .

't dürde neet lang, do dampde de Piep,
un dat Teewater bruusde.

Moder hett smals so recht 'n Fierdagsgesicht,
wenn se Tee maakt;

tüsken dree Fingers nimmt se de Bladen
und deiht hör in d' Treckpott.

Neet to vööl Water darup;
du dürst de Tee neet versupen!

Dorna kummt de Treckpott
up Teestow to stahn of up Ketel.

Denk drum: dor sünd Japaners,
Schinesen, Ostfreesen sük gliek in:

wo se't ok maken: 't hett al sien Örder.
Bi uns hört in d' Koppke

eerst dat Kluntje un twedens de Tee
un dardens dat Wulkje.

Dicke Room moot dat wesen
un heel vörsichtjes darup leggt.

't Kluntje kickt na olle Maneer
so wiet to de Tee ut,

dat dor noch nett een Müggske
mit dröge Beenen up stahn kann.

Well hett mi dat doch körtens noch seggt,
wo de Düütsers dat maken:

nix as 'n dünn Gegüchel mit Zucker;
man sull dat neet löven.

Vader hört baldadig geern
dat Knappern van't Kluntje,

un he faat sien Koppke in d' Hannen
un warmt sück de Fingers,

un denn suggt he erst dat Wulkje
van boven herunner.

. . .

Oma, hör Brill up Nös
un meesttied 'n Drüppelke drunner,

slubbert de Tee ut hör Schöddelke,
man na dree of veer Tassen

deit se de Lepel in d' Koppke
of kippt hum unnerste boven.

Hundje, de luurt al: he weet,
he kriggt van Opa een Bunkje.

Puus hüppt up Oma hör Schoot
un begünnt so sachtjes to snuren.

Anton Lüpkes (aus dem Idyll „Fieravend")

Der Teekessel

In den ersten Jahren des 19. Jahrhunderts war mein Vater wohlbestallter Lehrer in Xdorf. Neben einigen Talern an barem Gehalt hatte er die „Vorzüge" des Reihetisches zu genießen, die ihm das Leben in der Gemeinde arg verleideten.
Eines Tages war er bei Gerdohm und Geskemöh. Nach dem Essen sollte eine Tasse Tee getrunken werden. Mein Vater saß im „Hörn", dieser Ehrenplatz wurde ihm überall eingeräumt. — „Mester, wull Ji woll 'n Bitje upgeeten?" fragte Geskemöh. — Der große weitbauchige

Teekessel gab sein Wasser nur widerwillig her, und mein Vater sagte: „Wat schenkt de Kätel schlecht. Dar sitt säker wat in de Tüte." — Als man zur Untersuchung schritt, förderte man einen ganzen Knabenschuh ans Tageslicht. „Süh!" sagte Geskemöh, „Wat 't Hus verlüst, brengt Hus ok wer! — De heb ick all 14 Dage to Söök hatt!" — Mein Vater machte sich sachte von dannen. (Nach H. Engelkes)

De Teepilz

Wat't neet all in de Welt gifft! Dar hett de Sniederbaas Gerd Kasjens, as he up 'n Marktsdag in Auerk is un Biggen kopen will, bi Hiemke wat to drinken krägen, wat he noch in sien heel Läbend neet hatt hett un wat hum so lecker smaken hett, dat he weten will, wat dat is. Raden, so as Hiemke meent, kann he dat neet. Un dat is geen Wunner. Dat is so 'n neeimoodsken Kraam, de in de twintiger Jahren in Auerk hier un daar drunken wur: Teepilz. Dat sull as Wien smaken un immer bäter worden, um so völ oller de Pilz worden de. Uplest sull tüsken Teepilz un Sekt heel geen Verschäl wäsen. Un dar weren ok Lü genoog, de fast daran lövden. De Teepilz is neet so 'n Puurstohl, as se bi uns wassen. Disse kummt ut 't Utland un ernährt sük van Tee. Un hier is dat „Rezept": Dree Liter Water un dreeviddel Pund Zucker moten mitnanner in 'n Pott kaakt worden, denn word d'r 'n slichten Ätläpel vull Tee todaan, un denn kummt de Pott van 't Für. Wenn dat kold worden is, denn nimmst du 'n holten Sleev und leggst de Puurstohl dar d'r mit up, mit de rechte Sied na baven, denn bindst du 'n Stück Pergmentpapier aver de Pott un steckst d'r mit 'n Gabel Gaten in. Tein Daag mot dat so stahn un dürt neet anrögt worden. Denn nimmst du dat Dingerees mit 'n holten Sleev d'r wär ut un leggst hum mit wat Natt in de Teller. Wat in de Pott is, güttst du dör 'n Dook un denn in Flessen. (Nach Johann Schoolmann)

(Anmerkung: Der japanische oder indische Teepilz ist eine zähe, trübe Gallerte aus Hefezellen, die mit bestimmten Bakterienarten vergesellschaftet sind. Der Teepilz vergärt zuckerhaltige Teeaufgüsse unter Bildung von Milch- und Essigsäure. Das dadurch erhaltene Getränk schmeckt leicht säuerlich und etwas weinähnlich. Es soll eine dem Joghurt ähnliche Wirkung haben und besonders bei Arterienverkalkung wohltuend wirken.)

Wat is mit de Tee?

Frauko un sien Vader bünt ok mal 'n paar Dagen alleen west, as Moder na Peterdine up Besöök was. Do mussen se sük man sülst helpen. Een um anner Mörgen muss oll Gerd Gerdes of Frauko Tee maken. Een Mörgen nu brengt de Oll sien Söhn de Tee in't Bedd. De röppt:

„Vader, wat is mit de Tee —? De kann 'k nich drinken!" „Och, du mit dien fiene Tung — suup to!" Frauko drinkt ... „Nee, Vader! De Tee kann 'k nich drinken!" „Och wat, ji mit jo fiene Tung — suup to!" Frauko drinkt weer: „Nee, Vader, de Tee kann 'k nich drinken!" Oll Gerd Gerdes pröövt ...: „Düvel! Sull ik d'r dann — Tabak in daan hebben?"
(Gernot de Vries)

„Herr Pastor — nett as ik!"

Pastor kwam in een Huus, wor 't man wat schludderg was. Un do muss he dor ok noch Tee drinken! He doch: Wo maakst dat nu blot? Du drinkst dor, wor de Greep van ' Koppke sitt! As se nu mitnanner drunken, reep dat Ollske: „O, Herr Pastor, nett as ik! Se drinken ok over 't Ohr ...!"
(Gernot de Vries)

Tee mit Kluntjes

Der alte Amtsgerichtsrat, eine in Stadt und Land bekannte, hochangesehene Persönlichkeit, war, aus einer alten Försterfamilie stammend, in seinen jüngeren Jahren ein „eifriger Nimrod vor dem Herrn", wie man zu sagen pflegt. Ebenso, wie er sich durch die Unbestechlichkeit und Unfehlbarkeit seines richterlichen Urteils einen Namen gemacht hatte, war er durch seine Unfehlbarkeit als erfahrener Jäger und Züchter rassiger Jagdhunde berühmt geworden. Er galt als hervorragender Kenner von Wald und Wild, und wenn er auf seinen Jagdgängen in einem Gasthaus oder auch ihm bekannten Bauernhaus einkehrte, wurde er immer mit Freuden begrüßt und bewirtet, denn dann gab es allerhand „Vertellkes" von Land und Leuten, durchsetzt mit manchen brauchbaren Ratschlägen. Dazu wurde ausgiebig Tee mit Kluntjes getrunken, und an den schon kühlen Herbsttagen saß man gemütlich klöhnend „in't Hörn bi't Füer".
So war es auch einmal bei einer Jagdpartie mit einigen seiner Freunde zu einer solchen „Einkehr" gekommen und zu einer äußerst fidelen Sitzung am Kamin, gewürzt durch die üblichen Jagdgeschichten, die jedesmal ein fröhliches Gelächter hervorriefen, das die dicken Rauchwolken aus den kurzen Tabakpfeifen in lustiges Schwanken versetzte. Manches Koppke Tee war durch die durstigen Kehlen geflossen, als man endlich aufbrach, von den Hunden umwedelt und umsprungen. Der Amtsgerichtsrat trank noch rasch im Stehen den letzten Schluck, ehe er sich seinen Jagdgenossen anschloß, die schon auf ihn warteten. Bald fiel diesen seine gänzlich ungewohnte, seltsame Schweigsamkeit auf. Bei genauerem Hinsehen beobachteten sie, daß er eigentümliche Mundbewegungen vollführte. „Mensch", rief einer, „was ist denn mit dir los? Bist du noch immer nicht fertig mit dem dicken Kluntje? Denn smiet em man ruut!" Ja, „ruut mit em", dachte auch verzweifelt der

Amtsgerichtsrat und mühte sich, den Kluntje loszuwerden. Endlich hatte er es so weit und — spuckte in hohem Bogen einen dicken, alten Backenzahn aus, der vermutlich in Omas Zuckerpott, als „Andenken" aufbewahrt, unter die Kluntjes geraten war. Es ist anzunehmen, daß er noch längere Zeit danach lieber Tee ohne als mit Kluntjes trank.
(Dora Daniel)

Nah't Heihfahren

„Dat was ja 'n Dag!" stennt Geeskemöj,
„Och Mann, wat hebb 'k 'n Klör!
Dat gung ok all vör Dau und Dag
Un alltied 't best Been vör!"

„Ja, Moeder, ja!" Un Berendohm
Langt sück sin Döffke her.
„Dat was 'n Dag. Wi beiden sünd
Ok nät de Jungsten mehr."

„Dat is 't ja man!" Un 't Olske stött
De dröge Törf int Für.
„Man 'n Koeh will lewen, un för 't Hei
De Daglohns is toe dür."

„Dat is 't ja man!" Oll Berend suggt
Un treckt hum — 't hett so 'n Art!
„Nu hew wi 't binnen. Un kien Not,
dat 't Där vör Smacht nahst raart."

„Ja, so is 't nett", seggt Geeskemöj
Un spöilt de Treckpott um.
„So 'n Dag bi 't Heien, dat givt Döst.
Futt krieg wi 'n Koppke; kumm.

Ik doe der noch 'n Schöt bi in,
Dat mutt der mal up an.
Kiek du ins in de Kluntjepott,
Of 't noch än lieden kann!"

„Ja, Moeder, 'n deftig Koppke Tee,
Mi steiht de Tunge stiew;
Dat is wat för de olle Bost,
So 'n ‚Jantje-sacht-int-Liew'!"

Int Loeg word Fierawend lüdt,
Un elkän söcht sin Stee.
Un ower t' wiede, gröne Land
Liggt Sömmerawendfree.

(Wilhelmine Siefkes)

103

Stengel in d' Tee

Hett de Leevsde di neet schrewen?
Geev di man tofree!
Süh, dar drifft een groote, dicke
Stengel up dien Tee!

Is he hart, denn kriggst du seeker
mörgen all een Breef;
darin schrifft se di dann weer mal,
dat se di hett leev!

Is de Stengel man een weeke,
is de Leevde uut!
Dann söök du di man knapphannig
weer een neije Bruut!

Antjemöi, de mutt dat weeten,
de hett mi dat seggt!
Kwamm ja wall 'n maal uut, man glöven
kann ik dat neet recht!

(Karl Böke)

(Anmerkung: „Teeblätter in der Tasse" siehe Schluß des Kapitels „Tee, Kandis, Sahne und Gebäck im Volksmund".)

Dat Kluntje

De leewe Tied,
O, wat för'n Spiet:
Lütt-Ibos Kluntje
full in d' Schiet!

O groote Not —
he brull sück doot!
dat Kluntje was sööt un groot.

Dor liggt dat Stück
verloren ' Glück —
dat Kluntje, as een
Fuust, so dick!

Buck, Fent, die gau
un griep fell tau —
friev hum good off
an d' Ruuntje Mau!

So'n Spierke Strund
bitou in d' Mund,
s'mals mit'n Kluntje,
is heel gesund!

(Hinnerk Schuivke)

Kampf mit dem Kluntje

Über den Umgang landfremder Gäste mit dem Kluntje kursieren in Ostfriesland seit Jahrzehnten lögenhafte Geschichten. Dazu zählt eine Begebenheit aus der Krummhörn. Zwei Westfalen sahen verwundert zu, wie die Hausfrau jeweils ein dickes Kandisstück in die zierlichen Tassen legte und den Tee darüber goß. Die Besucher kosteten vorsichtig, beäugten jedoch mißtrauisch den übriggebliebenen süßen Klumpen. Wohin damit? Der eine klemmte sich verstohlen das Stück hinter die Backenzähne, der andere ließ es heimlich in der Hosentasche verschwinden. Verdutzt waren sie, als ihnen die Frau bei der zweiten Runde wiederum einen Kluntje in die Tasse legte. Was nun? Einfach zerbeißen? Das würde gewiß gegen die Bräuche des Landes verstoßen. Blieb also nur der Ausweg, das kantige Stück hinunterzuschlucken. Nach einigen Ansätzen gelang ihnen das. Mit verzerrtem Gesicht erwarteten sie die dritte Tasse Tee. Doch jetzt hatte der Hausherr, der seine westfälischen Besucher unbemerkt beobachtet hatte, ein Einsehen. Mit den Worten „Ji mutt de Kluntje neet upfreten, de mutt ji in d' Tass laten" begann er, sie über die Geheimnisse des Teetrinkens in Ostfriesland aufzuklären.

Aufgeklärt wurde auch ein Beamter aus Berlin, der vor langer Zeit von einem Kollegen aus Norden zur Teestunde eingeladen war. Nach der ersten Tasse war der Spree-Athener voll des Lobes über das köstliche Getränk. Bei der zweiten Tasse verstummte er jedoch — in seiner Tasse krümmte sich ein hauchdünner weißer „Wurm". Heimlich versuchte er, ihn mit dem Löffel zu entfernen, doch immer wieder entwischte ihm das „Ungeheuer". Als die Hausfrau für einen Moment verschwand, griff er entschlossen mit Daumen und Zeigefinger in die Tasse, um den vermeintlichen „Wurm" auf den Fußboden zu schleudern. Doch oh Schreck: der „Wurm" entpuppte sich als harmloser Faden, an dem — wie früher üblich — der Kandis hing, der nun mit lautem Knall gegen die Stubentür prallte. (Volksmund)

„Oh, Majestät..."

In der Zeit, als Ostfriesland zu Hannover gehörte, besuchte König Georg eines Tages mit ein paar hohen Herren das Overledingerland. In einem einfachen Haus am Moor sollte er Tee nach Landessitte — mit Schafsmilchsahne und Kluntje — kennenlernen. Als der König und sein Gefolge in die Wohnküche traten, hatte die alte Stinamö die Tassen bereits gefüllt und forderte den nicht alltäglichen Besuch auf: „So, Herrschaften, nu sett jo man evkes daal un laat jo't goot smecken." Es sah alles sehr einladend aus. In jeder Tasse hob sich der Kluntje wie ein kleiner Eisberg von der weißen Sahneschicht ab. Doch plötzlich erschrak die Frau: Ausgerechnet in der Tasse ihres höchsten Gastes war kein Eisberg zu sehen. „Oh, Majestät, ik weet heelneet, of ik hör dor ok 'n Kluntje indaan hebb", stammelte sie verlegen, steckte kurzerhand den Zeigefinger in die Tasse des Königs und strahlte zufrieden, als sie das Kandisstück fühlte. Mit hochroten Köpfen verfolgten die Herren die ungewöhnliche Prozedur. Der König, der erblindet war, ahnte wohl, was um ihn vorging. Nachsichtig meinte er: „Immer gründlich, immer gründlich. So sind die Ostfriesen." Der Tee soll ihm dennoch gut geschmeckt haben. (Wilfrid Albering)

„'t is Rohm"!

De olle Pastor kwam insmal bi Geeskemö, de 'n bitje heel fell an de naue Kante was, un drunk daar 'n Koppke Tee. Dat Ollske sach mit Schrick, dat de olle Pastor sück 'n heele Lepel full Rohm in de Tee doon wull, un, umdat hör dit haast to ruum dünkde, sä se tegen hum: „Heer Pastor! 't is Rohm!" un se dochde jawoll, de Olle sull nu man 'n halwe Lepel full nemen. Man wat ferfeerde se sück, as de Pastor nu sä: „Och so, Geeskemö, is't Rohm? Och, dann will 'k mi noch man een Lepel full derbi indoon." (Carl Julius Hibben)

Kinddööp mit Tee

Kinddööp in Huus. „Se blieven doch seker noch eben? Wat is dat schaa, dat Se kien Fro hebbt, de harren Se nu ja fein mitbrengen kunnt!", sä Lamke to de Pastor un mook de Trumm mit de Neejjahrskoken open. „Geevt mi doch ok eben lüttje Leev", sä oll Willm Hinrichs, „so is't recht. Kiekt eben, wat nümig! Dat dat dat al kann." Lüttje Leev greep, so sach dat tominnsten ut, na sien Teeköppke. Oll Willm Hinrichs namm de Piep to de Mund ut, un nu kreeg lüttje Leev dat Leckerste un Mojste, dat, wat unnern in Unkel sien Köppke was. „Wat so'n recht Ostfrees is, de fangt d'r bi Tieden mit an, recht so, mien Jung!" (aus: Gernot de Vries, Lamke Pannkook un hör Lü)

Tee, Kandis, Sahne und Gebäck im Volksmund

Tee:

Tee als Ölje, Kluntje as 'n Sliepsteen un Rohm as 'n Wulkje (Der Tee muß wie Öl, der Kandis wie ein Schleifstein und die Sahne wie ein Wölkchen sein).

Ick sitt up mien Gemack
un rook 'n Piep Tabak,
un drink mien Koppke Tee,
dar bün ik mit tofree.
(Ausspruch eines Teetrinkers, der mit sich und der Welt zufrieden ist; „Gemack" ist die vertraute häusliche Umgebung, aber auch der Abort).

De sien Fründen will bedenken,
de mi bejegen will up 't beste,
geev mi van Koffje dat eerste
und van Tee dat lesde.
(„bejegen" = „zufriedenstellen": Aus dem Kaffeetopf sind die ersten, aus dem Teetopf dagegen die letzten Tassen die besten, natürlich vom selben Aufguß.)

Zwei Sprüche für Kinder, die vom Getränk der Erwachsenen probieren möchten:
Du düürst keen Tee, anners kriggst du 'n slappen Nöös.
Moder, Moder, Tee, wenn de Kluntje dat neet dee, denn drunk ik goor keen Tee.

Wenn 't Water kaakt, sünd wi tofree, denn gifft 'n lecker Koppke Tee.

Well hett dat beter: De Tee of de Koffje?
De Koffje, denn de kann sük setten, man de Tee mutt trecken (Scherzrätselfrage, Antwort: Tee).

Dat is en anner Tee as Koffje (Das ist etwas Besseres).

Hojaapst du? — Nee, ik teegaap (Gähnst du? — Nein, ich habe nur Teedurst).

Tee is Verstandswater.

He is good bi 't Treckpott, Treppott (wörtlich: gut bei der Teekanne; d. h. er ist sonst zu nichts zu gebrauchen).

'n Koppke Tee un dat mit Free (in Ruhe eine Tasse Tee trinken).

Dree is Ostfreesenrecht, un de veerde word drunken, dat man noch evkes sitten kann (Anspielung auf die üblichen drei Tassen Tee in Ostfriesland).

Een is nix, twee is wat, giff mi man dree, denn gah ik mien Padd.

Moder, do noch 'n Blatt mehr in 't Treckpott, Pastor kummt.

Van koll' Tee word 'n moj (schön) van (scherzhaft).

Tee is 'n Salv(e) in 't minselke Lichem (för 't Liev) (Tee ist eine Salbe, d. h. Wohltat für den Körper). (Wilhelmine Siefkes)

De Dood sitt hum up de Lippen, he mag kien Tee mehr (Wenn einem Kranken der Tee nicht mehr schmeckt, steht es schlimm um ihn).

Wi arme Minsken, sä Fockjemö, keen Blatt Tee in 't Huus un Peter kummt mit Bruut.

De Tee is all in d' Week (wörtlich: aufgeweicht; angesetzt).

Du dürst de Tee neet versupen (beim Ansetzen darf zuerst nur wenig Wasser aufgegossen werden).

Wat is dat? Erst laten se mi versupen un denn mutt ik trecken (Scherzrätsel, Antwort: Tee).

Se kann all Tee maken (Lob für ein Mädchen, das sich im Haushalt nützlich macht).

Zwei Aussprüche aus dem ersten Weltkrieg:
Dat is alltiet lecht Maan upstünns, sä Mariamö, do harr'n se hör Teebladen verköfft, de weer updrögt weern (Ein Hausierer hat Maria aufgebrühte, getrocknete Teeblätter verkauft). — Dar kön'n wi wall wat van bruken, sä Gerdohm tegen de Koopmann, do köff he sük 'n Packje Teeka (Tee-Ersatz). Mien Fro drinkt d'r Tee van, ik kau't, un uns Jung rookt dat in de Piep.

Dat dat kien Lechtmaan word! („Lechtmaan" ist Vollmond; symbolisch für dünnen Tee).

He hett noch nix hatt as 'n Drüpp Tee (noch kein Essen gehabt).

De Tee mutt ziersend in 't Liev (heiß getrunken werden).

De Tee will 'n Wulkje sehn (auf dem Tee muß eine Schicht Sahne schwimmen).

Drink noch man 'n Tass, dar kannst beter na pissen as na 'n Körst Brood.

Dat word 'n düür Tass Tee (teure Angelegenheit).

De Teepott is en Bankruttpott (Früher nannten ärmere Leute den Teetopf so, weil viel Teetrinken auch viel Geld kostete).

De en 'n Fatt Tee anbütt, is en ok 'n Botterbrod schüllig (Wer jemandem eine Tasse Tee anbietet, ist ihm auch ein Butterbrot schuldig).

Ik drink neet mit di ut een Fatt (... will mit dir keine engere Beziehung haben).

Bedankt för 't Natt un hier is 't Fatt! (wird gesagt, wenn man die leere Tasse zurückgibt).
(Fatt = Faß, Gefäß, übertragen: Tasse ohne Henkel).

Ik bün so quellig (elend, übel) van 't vöːle Teedrinken, giff mi man eerst 'n lüttjen Offsetter (Schnaps).

Ik hebb 'n tinnen Maag (Ich habe einen zinnernen Magen, d. h. kann den Tee sehr heiß trinken).

'n good Doppsel gifft 'n good Trecksel, sä Gertjemö, do meet se mit de Fingerhoot („Doppsel", „Döppsel" oder „Doppke" ist der Verschlußdeckel einer Teedose, der zugleich als Maß eines Trecksels [Aufguß] verwendet wird).

Nimm man 'n goden Döppsel.

De Tee is neet stark genoog, du mußt wat mehr indopseln.

Bi dat olle Wiev kummt de Treckpott de hele Dag neet van de Tafel (sie verbringt den ganzen Tag mit Teetrinken).

Dar sitten de olle Wieven all weer bi de Kunkelpott to röteln (klatschen, schwatzen).

Bi de Kunkelpott word allerlei torecht kunkelt un torecht bröd't (gebrütet, gesonnen).

Wenn de Kunkelwieven so recht warm up't Stövke bi de Kunkelpott sitten un mit'nanner kunkeln könen, denn sünt se so recht up hör Dreev (in ihrem Element, wörtlich: Treiben).
(Kunkelpott scherzhaft für Teekanne, übertragen auch: Schwatz-Klatschmaul, Schwätzerin; kunkeln = schwatzen, klatschen, auch: oft oder lange beim Tee sitzen [Stürenburg, Ostfriesisches Wörterbuch, S. 128]).

Se drinkt sük noch to 'n Treckpott (sie ist eine unmäßige Teetrinkerin).

De Teepott is güst (leer, trocken).

So hett 't seten, sä dat Wiev, do harr se de Treckpott körtsmeten.

Well hett 't over de Treckpott to seggen? (Wenn mehrere Frauen im Haushalt sind, gilt das Teemachen und Einschenken als Vorrecht derjenigen Frau, die es im Hause zu sagen hat, d. h. im allgemeinen der Ehefrau).

De Riepster Karktoorn sücht ut as 'n Teebüsse. (Gemeint ist der Kirchturm des Dorfes Riepe bei Emden.) Nachdem die Kirche in der Weihnachtsflut von 1717 teilweise beschädigt worden war, erhielt der vierkantige Unterbau des Turmes einen Aufbau, der dem Verschlußdeckel einer ostfriesischen Teebüchse ähnelt. Im Volksmund heißt das Bauwerk seitdem „Teebüss(e)". Auch in Norden hießen früher zwei Häuser am Neuen Weg und ein Gebäude am alten Friedhof an der Luidgerikirche „Teebüssen". In ähnlicher Weise bezeichnet man in Dithmarschen den Wöhrdener Kirchturm als „Teetuut" (Teetüte).

Alls in de Welt, blot kien holten Teeketel! (Man kann sich mit allem abfinden, bloß nicht mit einem hölzernen Teekessel).

De Teeketel smitt de Pott vör, dat he swart is (einer wirft dem anderen die eigenen Fehler vor).

Welker Bookstaav mag de Ostfrees am leevsten? („T" gleich Tee).

In welker Porzellantassen kannst kien Tee inschenken? (In de, de bit boven hen vull sünd).

Een Winter sünner Snee is een Koppke sünner Tee.

Dat is Skippertee (Die Torfschiffer hatten nicht immer Sahne zur Verfügung, deshalb hieß ihr Tee „Skippertee", weil sie ihn nur mit Kluntjes tranken).

Es gibt zahlreiche Bezeichnungen für gut bzw. schlecht zubereiteten Tee:

Dat is 'n moijen krüdergen Tee (aromatisch).

De Tee is kremmig (kräftig, stark).

De Tee mutt so stark wesen, dat man hum vör de Tüüt (Tülle) offsnieden kann; oder auch: dat d'r 'n Lepel in stahn kann.

De Tee is mundpass (gerade richtig).

Disse Tee hett keen Gör of Klör (keinen Geschmack und keine Farbe).

De Tee gifft nix her, he is lojerg (Der Tee ist dünn und von blaugrauer Farbe).

Dat is man 'n leep flauen, klatergen (lumpiger, elender), plörigen, slappen (dünner, wässeriger, schwacher) Tee.

Dat is Offsuupsel (abgetrunkener Tee), Schöttelwater (Abwaschwasser), Babbel(gütje)water (wörtlich Schwatzvogelwasser, mit zu viel Sahne; babbeln = plappern, schwatzen; gütjen = Narrheiten treiben).

Kuchelwater (schlechtes, schmutziges, „gekochtes Wasser"; kucheln = manschen). Kulskalsk (Brech-Gurgelwasser; kulkhalsen = würgen, erbrechen, gurgeln).

Blau Blitz, Blau Lint (blaue, dünne, schwache Flüssigkeit, vor allem Tee, jedoch auch abgesahnte, wässerige Milch).

Koppke, Köppke = Tasse. Nu laat uns man eerst 'n Koppke Tee drinken, dat wi frisk worden! Kann 't noch 'n Koppke lieden? (bekomme ich noch eine Tasse?).

Nögelkoppke (eine Tasse, zu der man noch besonders und dringend genötigt wird): ji mutten 't drinken noch neet overgeven, een Nögelkoppke kann't noch woll lieden (Eine Tasse darf es wohl noch sein).

Regenwater ut de Back (Zisterne) is am besten to Tee.

He hett so 'n Teegaap, Teejank, Teedörst (Teedurst), auch „Teekoors oder-koorsen" (Fieber nach Tee).

Plöttjekraam an d' Siet maken (Tassen nach Gebrauch wegräumen).

Kandis (Kluntje):

Wat weer woll an de Tee, wenn de Kluntje dat neet dee.

De Kluntjes laten, as wenn se ofslepen sünd (so glatt sind sie).

De Kluntjes gnitterden recht, as de heete Tee d'r overgoten wur.

Bi 'n oostfreesk Koppke Tee mutt de Klumke d'r boven utkieken.

Dat geev dar 'n Klumke as 'n Peertöhn (Huf).

He kreeg 'n Kluntje in de Tee as 'n Barg Sinai. — He kreeg 'n Kluntje in de Tee, dor kunn man Ji (Ihr, Euch) an seggen (Ein besonders großes Stück Kandis ist eine Auszeichnung für einen besonders gerngesehenen Gast).

Dat is so söt as 'n Klumke.

Dat doo ik neet för keen hunnert Kluntjes, dat doo ik neet för 'n Kluntje so groot as 'n Wagenrad (as 'n lüttjet Arbeiderhuus) (Das mache ich auf gar keinen Fall).

Kopp in de Neck, Kluntje in de Beck! (Beck = Maul, Mund, Schnabel).

Sliepsteen (regelmäßig geformter, zwölfeckiger Kandis, wörtlich: Schleifstein).

Sahne (Rohm):

Rohm is de Tee sien Kroon (Die Sahne ist die Krone des Tees).

De Rohm is so dick, dat gifft 'n moj'n Blöm up de Tee.

Dar will heel geen Blöm up de Melk komen.

Van dat Wicht is de Blöm of (ist die Blume, das Beste herunter, sie hat „Vergangenheit").

De Rohm drifft up de Tee as 'n Duuvscheet („Duuv" = Taube).

Schaapmelk gifft de dickste Rohm.

Se sünd so dumm un drinken Karmelk, wenn d'r Rohm up de Tafel steiht.

De Rohm is so dick, dar kann 'n Snieder up danzen.

De Rohm is d'r of (Das Beste ist runter; „der Lack ist ab").

He hett de Rohm d'r ofscheppt (sich das Beste genommen).

He paßt up de Rohm (läßt sich nicht anführen).

Rätsel:
War is Rohm (Rom)? — Up de Melk.
Ick hebb de grootste Stadt van Italien in mien Köken. — (Rohm = Rom).
Well is dar alltiet boven up? — (De Rohm up de Tee).

Dat klaart van unnern up, sä de Jung, do slickde he de Rohm van de Melk.

Dat Dicke van de Melk hett Geld köst (Die Sahne ist das Wertvollste).

He is mit de beste Büt gahn (Büt = Beute, Gewinn, Teil; d. h. er hat die Sahne abgeschöpft).

De Melk will neet rohmen.

Gebäck (Kookjes):

He söcht sük alltied de Rosinen ut de Kook (nimmt sich das Beste).

He mutt dat för söte Kook upeten (muß gute Miene zum bösen Spiel machen).

Dar kreeg he neet völ söte Kook (wurde er unfreundlich aufgenommen).

Bi anner Lü smeckt Brood as Kook (schmeckt alles viel besser).

Wenn an de Neejahrskooken keen Kardemumm (Kadmumm = Kardamom) ankummt, denn hebben se keen Smaak.

De Neejohrskooken mutten in 'n dichten Melkbumm (Milchkanne) bi de Ovend upburgen worden, anners worden se fuchtig un taai (feucht und zäh).

De Knappkoken sünd so hart, dat se bi't Eten knappen („Knappkoken" sind hartgebackene Honig- und Sirupkuchen).

Wi hebben to Neejohr blot Tuuthoorns (Rullkes) (aufgerollte Neujahrskuchen aus dünnem Teig).

'n Mund vull Skandal (Plattdeutsche Bezeichnung für aufgerollte Neujahrskuchen, die beim Zerbeißen knistern).

Wi hebben 'n Neejahrskokeniesder mit 'nanner (auch Neejahrsiesder oder Knappkokeniesder). — Es war üblich, daß sich zwei Haushalte ein Neujahrskucheneisen gemeinsam hielten.

„Hett de Düvel so krumm Brot sehn", sä de Jung, do eet he Kringels.

(Manche niederdeutschen Ausdrücke und Redewendungen lassen sich nur annähernd übersetzen, sie sind durch ihre Lautmalerei im allgemeinen auch dem Nicht-Plattdeutschen verständlich. Weitere volkstümliche Redensarten sind im Kapitel „Die ostfriesische Teestunde" enthalten.)

Vor allem im südlichen Ostfriesland ist es üblich, daß Kinder, nähere Anverwandte oder Nachbarn zu besonderen Ehejubiläen im Anzeigenteil der Tageszeitungen gratulieren — und zwar in mehr oder minder originellen Versen von Laiendichtern. Sehr oft spielt auch das „Koppke Tee" in den „einladenden" Reimen eine Rolle.

Zwei Beispiele:

„Heini, laat de Schüppe stahn,
bruukst mörgen neet na d' Tuun hengahn.
Gesine, maak du Tee man klar,
wi kamen mit 'n grode Schar!"
Alles Gute, Gesundheit und Zufriedenheit wünschen:
Die Nachbarn."

„De heele Verwandten, Fründen, Nabers und Bekannten,
de könt kamen alltomal na Petkum bi Slis in't Saal.
Wi laaten weten, um 19 Ür 30
gifft dat Koken to eten, dorbi een Koppke Tee,
villicht ok twee oder dree,
achterna bi Musik, Kur un Beer,
hefft wi seker noch völ Pläseer.
Wi Kinner frei'n uns all düchtig up dat Fest
un wünschen de Sülverpaar dat Allerbest.
Hannchen und Peter mit Helga."

Teeblätter in der Tasse

Bis in die ersten Jahrzehnte dieses Jahrhunderts waren Teesiebe in den meisten ostfriesischen Haushalten kaum bekannt, und falls man sie besaß, wurden sie wenig verwendet. Für den damaligen gröberen Blatt-Tee reichten die in den Teekannen vor dem Ausguß angebrachten Sieblöcher durchweg aus. Dennoch trieben häufig Teeblätter oder -teilchen in der Tasse. Im ostfriesischen Volksglauben gab man ihnen mancherlei Bedeutung:
Dar drifft 'n Stengel up de Tee, 't gifft Visit (Besuch). De Teeketel kookt bi 't Eten, wi kriegen noch Mannlü up Visit. Wenn 'n Teeblatt up de Tasse swemmen deiht, kriegst noch 'n Breef, Duutje (Kuß) vandaag (heute). Wenn 't twee sünd, kriegst twee Breeven (Duutjes). Harte Teeteilchen kündigen Geld an, weiche dagegen einen Kuß. „Brubbels" (Luftbläschen) im Tee bedeuten gleichfalls Küsse.
Auch an der schleswig-holsteinischen Westküste spielt der Tee im Volksglauben eine ähnliche Rolle. Schwimmende Blätter weisen auch hier auf Besuch hin; aus ihrer Beschaffenheit und Anzahl schließt man auf Geschlecht und Gestalt des Gastes, auf die Dauer des Besuches sowie die Zahl der Gäste. Je näher ein Blatt dem Tassenrand ist, desto näher ist auch der Besuch. Sind die Blätter hart, ist männlicher (unangenehmer), sind sie weich, ist weiblicher (angenehmer) Besuch zu erwarten; vereinzelt gilt dies auch umgekehrt. In Dithmarschen bedeuten „Teestengel" auf einer Tasse eine Braut oder einen Bräutigam im Hause. In Norderdithmarschen und Angeln muß man bei einem Teebesuch („Teevisit") erst den Zucker und dann den Rahm nehmen, nicht umgekehrt, sonst gibt es ein Unglück. (Nach Mensing, Otto: Schleswig-Holsteinisches Wörterbuch, Band V.)

Zum Schluß dieses kleinen Streifzuges durch den Aberglauben ein Zitat aus der Erzählung „Am Kamin" des gebürtigen Husumers Theodor Storm: „O der! Der prophezeit aus der Teetasse oder vielmehr aus der Tasse Tee wie die Hexe aus dem Kaffeesatz. Nämlich nicht etwa das Schicksal, sondern den Bildungsgrad der Familie, in der die Tasse präsentiert wird..."

Vom Teestrauch zur „Ostfriesischen Mischung"

Im Teetrinken sind die Ostfriesen — wie es eine Lokalzeitung scherzhaft formulierte — deutsche Meister. Branchen-Kenner wissen, daß sie es nach statistischen Unterlagen von 1977 pro Kopf und Jahr auf 3000 Gramm bzw. sechs Pfund bringen. Der Durchschnittsverbrauch im übrigen Bundesgebiet liegt bei rund 170 Gramm. Für Firmen, die das zwar langsam, aber stetig wachsende Geschäft mit dem schwarzen Tee betreiben, sind die Bewohner im traditionellen Teeland an der deutschen Nordseeküste Hauptabnehmer. Und noch ein Superlativ: Zusammen mit den Engländern, die ihren Durst in jeweils zwölf Monaten mit acht bis neun Pfund pro Teenase löschen, stehen die Ostfriesen auf der Skala der Teetrinker in aller Welt ganz oben.

Der Auricher Schriftsteller Ewald Christophers hat ausgetüftelt, daß ein achtzigjähriger Ostfriese bei einem Tagesverbrauch von rund zehn Tassen in seinem Leben gut und gern 300 000 „Koppkes" geschlürft hat. Wenn man — wie Fachleute weiterrechneten — für jede Tasse etwa ein bis eineinhalb Gramm schätzt, kommt man auf den erstaunlichen Konsum von annähernd 300 Kilogramm. Vor dem zweiten Weltkrieg, als es im Tagesablauf noch mehr „Teezeiten" gab, erreichte der Durchschnittsbürger im Regierungsbezirk Aurich bereits dreieinhalb Kilogramm in einem Jahr; im Kreis Leer lag die Quote mit 4,5 Kilogramm sogar noch höher. Im Jahre 1936 wurden in Ostfriesland etwa eine Million Kilogramm Tee pro Jahr eingeführt. Damals wie heute läßt sich berechnen, daß die ostfriesische Bevölkerung ein Viertel des gesamten deutschen Teeimports verbraucht. Die Zahl ist um so erstaunlicher, wenn man bedenkt, daß die Ostfriesen nur etwa zwei Prozent der westdeutschen Bevölkerung ausmachen.

Die deutsche Teebranche kann befriedigt feststellen, daß der Teeverbrauch über das Jahr gleichmäßiger geworden ist. Zwar gibt es Saisonspitzen, für heißen Tee bei kaltem Wetter und für Eistee mit Zitrone an warmen Tagen. Bemerkenswert ist, daß Tee in steigendem Maße besonders von der Jugend als bekömmliches „Relaxing-Getränk" geschätzt wird, das die geistige Konzentration fördert und zugleich beruhigend wirkt. Wie die Firmen immer wieder betonen, ist Tee im Laufe der letzten zwanzig Jahre preiswerter geworden. Selbst ein auf anspruchsvolle ostfriesische Art zubereitetes „Koppke" kostet nur etwa halb so viel wie eine Tasse Kaffee. Neben Schwarztee hat sich in den vergangenen Jahren ein neuer Markt mit Kräutertee entfaltet. Der Kräutertee macht — vor allem in Süddeutschland — dem Schwarztee Konkurrenz, in vielen Familien beispielsweise zur Abendbrotzeit.

Nach einer Marktübersicht gab der Bundesbürger im Jahre 1975 für Schwarztee (Marktanteil 54 Prozent) 267 Millionen Mark, für Kräutertees (37 Prozent) 185 Millionen und für gesüßte Fertigtees (9 Prozent) 47 Millionen Mark aus. Dennoch ist festzustellen, daß die meisten Bundesbürger Tee-Laien sind. Sie finden sich in den feinen Unterschieden zwischen den vielen einzelnen Sorten und Mischungen nur mühsam zurecht. Weitverbreitet ist auch die Unkenntnis über die richtige Zubereitung des Getränks. Während man beim Kaffeebrühen im allgemeinen nicht kleinlich ist, wird beim Tee-Aufguß mit der Dosierung nicht sorgfältig genug, eher zu sparsam umgegangen.

Der Markt konnte behauptet werden, weil die Branche dynamischer wurde. Neue Produkte und Verpackungsformen stabilisierten das Geschäft: Tee in Aufgußbeuteln, Blechdosen und Geschenkpackungen. Der Teebeutel ist eine der frühesten, heute so erfolgreichen Bequemlichkeitsprodukte. Die Idee einfacherer und schnellerer Teezubereitung mit Portionsbeuteln ist von einer deutschen Markenfirma (Teekanne) schon 1928 aus Amerika übernommen worden.

Über die Frage, wo und wann die Geschichte des Tees begonnen und wer das Getränk „erfunden" hat, sind sich weder die Wissenschaftler noch die Kenner einig. Als sicher gilt, daß das erfrischende Lebenselixier zuerst in China getrunken wurde. In einer Legende aus dem Jahre 2700 vor Christi wird von einem teetrinkenden Kaiser berichtet; im sechsten Jahrhundert haben buddhistische Mönche die Teekultur in Japan eingeführt, und die Araber lernten Chinas Tee rund hundert Jahre später kennen. Damit ist nicht gesagt, daß China auch die Urheimat des Teestrauchs ist. Der Ruhm könnte ebensogut dem indischen Kulturkreis (Assam und Burma) gebühren.

Selbst Botaniker mögen sich nicht festlegen. In der Fachliteratur wird gesagt, daß die Pflanze ein aufrechter Strauch der Gattung Thea ist und ihre nächsten Verwandten unter den auch in Deutschland bekannten Kamelien hat. Man unterscheidet zwei Hauptarten: Thea sinensis (chinesischer Tee) und Thea assamica (Assam-Tee). Gemeinsam haben beide Arten die dunkel- und immergrünen, lederartigen, am Rande gezahnten Blätter sowie kleine weiß-rosa Blüten und bräunlich-holzige Früchte, die an eine Muskatnuß erinnern. Während jedoch Thea sinensis selten höher als drei bis vier Meter wächst, erreicht Thea assamica in unbeschnittenem Zustand die stattliche Baumhöhe von etwa 15, ja sogar 20 Metern. Die nicht in der Farbe, aber in der Größe unterschiedlichen Blätter differieren im Geschmack: Gegenüber den zart aromatischen Chinablättern ist der Tee aus den längeren und saftigeren Assamblättern mit ihrem höheren Gerbsäuregehalt merklich kräftiger. Beide Ur-Pflanzen sind — vor allem in Indien und auf Ceylon — immer wieder gekreuzt worden, um ihre guten Eigenschaften in einem Strauch zu vereinen. Die Assamhybride ging aus diesem Wettstreit als Sieger hervor und bildet die Grundlage nahezu aller Teekulturen der Welt. Zweifellos spielte Chinatee als Rohstoff und

40 Teestrauch. Kupferstich 1631

Handelsware bis etwa zur Mitte des 19. Jahrhunderts die allein beherrschende Rolle. Auch die Entwicklung der Teekultur nahm im Reich der Mitte ihren Anfang. Im Gegensatz zu China liegen aus Indien nicht so frühe Nachrichten über den Teegenuß vor; ob die Bewohner dieses Kulturkreises nicht schon vor den Chinesen aus den Blättern des Teestrauchs ein Getränk oder eine Medizin bereiteten, wird wohl für immer ein Geheimnis bleiben.

Das Marktmonopol und die schwierigen innenpolitischen Verhältnisse in China steckten für die Europäer von Anfang an voller Risiken. In erster Linie für die Engländer, aber auch für die Niederländer (die 1610 die ersten Teesendungen auf dem Seewege in ihre Heimat gebracht und bald darauf den Tee auch in Ostfriesland bekannt gemacht hatten) war es wichtig, sich nach neuen „Quellen" umzusehen; vor allem deshalb, weil sich in China durch Bürgerkriege, Auseinandersetzungen mit fremden Mächten, veraltete Kulturmethoden, fehlendes Kapital, rigorose Steuer- und Zollasten schon frühzeitig ein spürbarer Rückgang im Anbau von Tee und seiner Herstellung abzeichnete. Der konservativ, in Gärten produzierte „Bauerntee" der Chinesen geriet in den Hintergrund, als der mit Hilfe der europäischen Technik gewonnene „Maschinentee" des indischen Kulturkreises im 20. Jahrhundert den Weltmarkt eroberte.

Die Teekultur Indiens begann mit der Herrschaft der Europäer. Auf einer Jagdexpedition in den Regenwäldern von Manipur zwischen Assam und Burma entdeckte der englische Major Robert Bruce 1823 den wildwachsenden „Teebaum" auf indischem Boden. Captain

41 Die Theegewinnung in China. Lithographie ca. 1880

Charton und zwei Botaniker machten wenige Jahre darauf in Oberassam gleiche Funde. Die Forscher hielten die Pflanze zunächst für eine entartete „Thea sinensis". Ihr Irrtum sorgte mit dafür, daß englische Anbaupioniere nach einigen verunglückten Versuchen vermeintlich „echten" Teesamen aus China heranschafften und unter anderem in Calcutta zum Keimen brachten. Die gewonnenen 42 000 Pflanzen bildeten die Basis der ersten indischen Teeplantagen, vor allem in Darjeeling am Himalaja-Gebirge und in Assam. Nach anfänglichen Rückschlägen — verursacht durch falsche Bearbeitungsmethoden und Spekulationen — glückte ab etwa 1870 die systematische Anpflanzung. Der Erfolg blieb nicht aus: Heute ist Assam — zu beiden Seiten des Brahmaputra — das größte zusammenhängende Anbaugebiet der Welt und produziert einen besonders herben Tee mit sehr kräftiger Tassenqualität — den Tee, den die Ostfriesen seit Jahrzehnten als

Grundlage und Hauptbestandteil ihrer vielgepriesenen „Mischung" schätzen.
In der Weltproduktion, die mit einer Milliarde Kilogramm angegeben wird, liegt Indien nach einer Übersicht von 1974 mit 425 Millionen Kilogramm an der Spitze (Die Volksrepublik China gab ihre Produktion 1972 mit 203 Millionen Kilogramm, Taiwan mit rund 26,2 Millionen Kilogramm an.) Der zweitwichtigste Produzent mit 215 Millionen Kilogramm ist heute Sri Lanka (Ceylon), das nach 1880 ebenfalls als „Teemacht" auftrat und China weiter zurückdrängte. Es folgen Ostafrika mit rund hundert und Indonesien mit etwa fünfzig Millionen Kilogramm. In weitem Abstand tauchen Länder wie Japan, die Sowjetunion und die Türkei auf der Rangliste auf. Auch im Export liegen Indien und Ceylon nach der Übersicht von 1974 auf den beiden vorderen Plätzen. 1968 wurde Indien von dem kleineren Land in der Ausfuhr überflügelt. Indien benötigt einen ständig steigenden Anteil der Teeproduktion für den Eigenbedarf der etwa 550 Millionen Einwohner. Kein Wunder, daß sich die Tee-Einkäufer auch anderswo nach guter Ware umsehen — zum Beispiel in Ostafrika. Die „jungen" Teeländer Kenia, Uganda,

42 *Chinesische Teeträger. Kupferstich 1854*

Tansania, Malawi und Mocambique verzeichnen seit einigen Jahrzehnten einen beispiellosen Aufschwung und sind wettbewerbsfähige Produzenten. In Tansania, dem früheren Deutsch-Ostafrika, haben um 1920 auch deutsche Siedler Tee angepflanzt. In Kenia gehen die Anfänge bis 1912 zurück. In diesem heute bedeutendsten afrikanischen Teeland sind es neben zwei großen britischen Firmen Kleinbauern, die mit staatlicher Unterstützung arbeiten. Der vom Assam-Busch gezogene Teestrauch wird vorwiegend in Gebirgslagen von etwa 2000 Meter Höhe gepflanzt und besticht durch einen besonders aromatischen Charakter. Die Bundesrepublik bezieht nahezu 80 Prozent ihres Teebedarfs aus drei Ländern: Indien, Ceylon und Indonesien. Auf dem vierten Platz folgt bereits Afrika. Die Gesamteinfuhr an Schwarztee in die Bundesrepublik bezifferte die Branche 1974/75 mit zehn Millionen Kilogramm.

Die Teepflanze braucht Feuchtigkeit, gedeiht jedoch nicht auf sumpfigem Boden. Teegärten und Plantagen werden vor allem in hügeligen Gegenden angelegt, damit das Regenwasser abziehen kann. Ähnlich wie beim Wein liegen die Unterschiede im Geschmack und in der Güte der verschiedenen Teesorten nicht nur an der Pflanze, sondern zugleich am Klima, an der Bodenbeschaffenheit und geographischen Lage des Anbaugebiets. Natürlich beeinflußt die sorgfältige Bearbeitung auf den Plantagen auch die Qualität.

Assam, Darjeeling, Ceylon, Java — in diesen Namen schwingt die Poesie der Tropen mit; sie stehen zugleich für Geschmack und Aroma. Lassen wir, wenn auch nur in Gedanken, einige Kostproben auf der Zunge zergehen:

Darjeeling-Tee: Die kühlen Nächte und die intensive Sonne am Tage lassen an den Berghängen des Himalaya ein zartblumiges, süßliches Aroma entstehen (daher: „der Likör unter den Tees").

Assam-Tee: Im feucht-heißen Flachland der Provinz Assam entfaltet sich ein würziger, fast malzig-kräftiger Geschmack.

Ceylon-Tee: Wechselnde Landschaft, gutes Klima und besonderer Boden sind die Gründe für einen fruchtig-herben Geschmack, der sich in guter Jahreszeit (Juli—August) mit Kraft und Stärke verbindet.

Java-Tee: Die Wachstumsbedingungen sind auf den indonesischen Inseln sehr verschieden, so daß der Tee zuweilen Ceylon-, manchmal auch Assam-Charakter haben kann.

Weder Früchte noch Blüten werden zum Tee verarbeitet. Der Samen dient zur Nachzucht, die heute überwiegend durch Stecklinge von bewährten Mutterpflanzen erfolgt. Geerntet werden von Sträuchern in der „handlichen" Höhe von etwa einem Meter nur die Blätter — und zwar im allgemeinen zwei Blätter mit der Blattknospe aus einem nur acht bis zwölf Tage alten Trieb; „Two leaves and a bud", sagt der Engländer. Je jünger und zarter die Blätter sind, desto feiner wird der Tee. Spitzenblätter, die noch geschlossen sind, ergeben einen Tee von besonderer Güte, während die älteren, voll ausgewachsenen sich nicht mehr zur Produktion eignen. Ein drittes Blatt, das versehentlich in die Bambuskiepe der Pflückerin gerät, kann schon eine Qualitätsverminderung und einen schlechteren Verkaufserlös bringen. Eine geschickte Pflückerin schafft pro Tag bis zu 35 Kilogramm grünes Blatt. Daraus werden nach der Aufbereitung etwa neun Kilogramm Schwarztee.

Die Zeiten für die Teelese in den Anbauländern der Welt sind unterschiedlich. In China und Japan wird nur drei- oder viermal jährlich geerntet, in Nordindien von März bis etwa Oktober. Den ersten produzierten Tee bezeichnen Kenner als „first flush" (erster Trieb). „First flush Darjeelings" haben ein besonderes Aroma, stehen jedoch „dünn in der Tasse". Die Darjeeling-Produkte der „Second-flush"-Periode (etwa Ende Mai bis Mitte Juni) sind vollwürziger und haben einen kräftigeren Abguß. Begehrt und geschätzt sind die Assam-Tees aus dieser „zweiten" Ernteperiode. Als gute Gebrauchsware gelten die darauf folgenden nordindischen „Regentees" und „autumnal-Qualitäten", die von der Herbstsonne beschienen werden. Auf Ceylon und in Indonesien wird ganzjährig geerntet; die Plantagen kommen auf 50 Pflückungen. Von den Plantagen und Teegärten wandern die noch grünen Blätter in die Faktoreien und werden in fünf Phasen zu Schwarztee aufbereitet.

Zum Welken werden die frischen Blätter auf schattigen Regalflächen oder in Welktrögen mit zirkulierender Warmluft ausgebreitet. So verdunstet ein Viertel bis ein Drittel des Wassers. Je nach Klima wird das Blatt weich wie Leder und gewinnt den Geruch von frischen Äpfeln. In diesem Zustand wird es mechanischen Rollern (Rollmaschinen) ausgesetzt, die die Zellwände aufbrechen und den austretenden Saft in Verbindung mit Sauerstoff der Luft zum Gären bringen. Um diese Reaktion zu fördern, werden die gerollten, noch grünen Blätter auf Böden in relativ kühlen Räumen ausgebreitet und „fermentiert". Die Fermentierung (Gärung) ist für die Teeproduktion entscheidend. Sie reduziert den Gerbstoffgehalt und aktiviert das Tein, das dem Tee (wie das Koffein beim Kaffee) die anregende Wirkung gibt. Die Aromaträger, die ätherischen Öle, können sich voll entfalten. Sobald das Blatt eine kupferrote Färbung erreicht, wird die Fermentation unterbrochen, der Trocknungsprozeß beginnt: In speziellen Heißluftanlagen mit Temperaturen bis zu 150 Grad Celsius wird der Zellsaft eingedickt, das vormals grüne Blatt verwandelt sich in schwarzen Tee mit einem Feuchtigkeitsgehalt von nur noch vier Prozent.

Doch damit nicht genug: In Teefabriken, mitten auf den Plantagen, wird der Rohstoff in die vier möglichen Blattgrade sortiert, denn sowohl die Branche als auch die Teekenner unter den Kunden messen die Unterschiede beim Tee nicht nur nach dem Anbaugebiet, sondern auch nach der Blattgrößenfolge. Die vier Hauptgruppen sind: Blatt- und Broken-Tee, Fannings und Dust. Broken-Tee ist — wie der Name sagt — „gebrochener" Tee, Fannings sind feine, gebrochene Blatt-

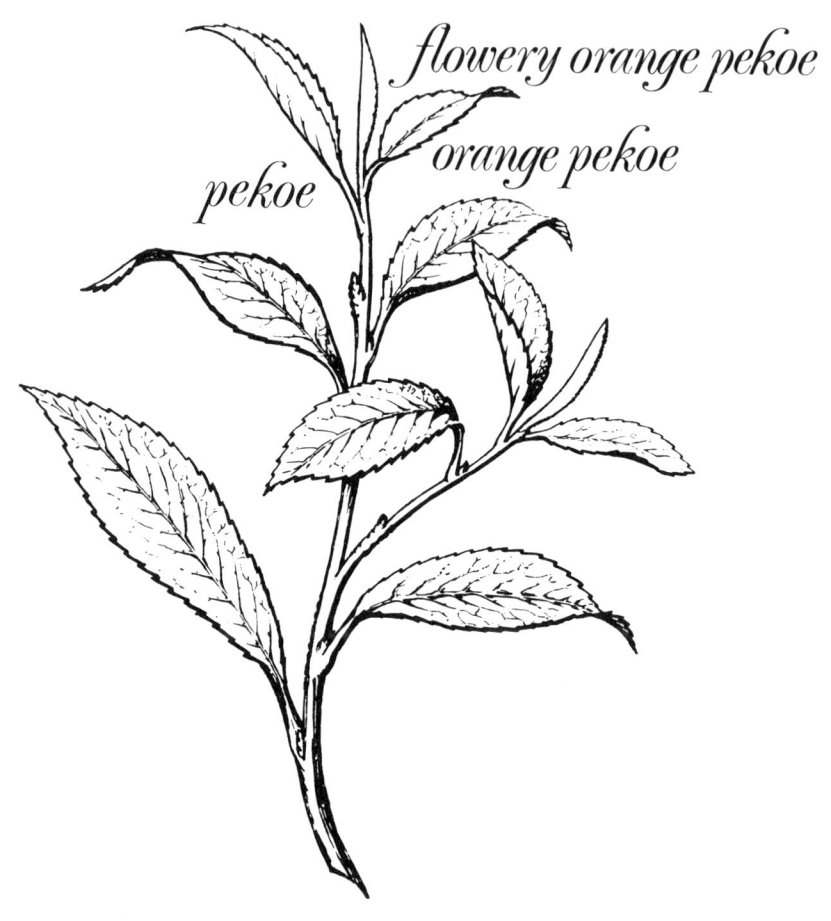

Teilchen und Dust (Staub) sind beim Tee die feinsten kleinen Blatt-Teilchen. Wichtig ist: Weder Blattgröße noch Sortierung sind Qualitätsmaßstäbe. Feingebrochene Tees sind durchweg ergiebiger, weil sie dem Wasser mehr Angriffsflächen bieten. Doch stecken wir die Teenase ein wenig tiefer in die Materie, um die Fachsprache besser zu verstehen.

In der Beschreibung der Blattgröße werden chinesische, englische und holländische Ausdrücke verwandt. „Pekoe" zum Beispiel heißt chinesisch „pek-ho" (weißhaarig, weißer Flaum) und ist die Grundbezeichnung für das Teeblatt. Das feingerollte, drahtige Blatt des fertigen Tees mag die Chinesen zu einem solchen Vergleich gereizt haben. „Orange" hat nichts mit Orangen (Apfelsinen) zu tun, sondern stammt aus dem Niederländischen und soll nach dem Königshaus Oranien soviel wie „königlich", also „besonders gut", bedeuten. Der Begriff „flowery" bezeichnet eine weitere Qualitätssteigerung. Möglicherweise erinnert die sich im Produktionsprozeß nicht schwarz färbende, goldgelbe Spitze („tip") des noch nicht entrollten, jungen Teeblattes an eine Blume, obwohl häufig angenommen wird, daß Teeblüten beigemischt sind.

Betrachten wir die vier Hauptgruppen des Schwarztees und definieren die einzelnen Sortierungen präziser: Beim Blatt-Tee spricht die Fachwelt von Pekoe (kürzeres, wenig gleichmäßiges, oft auch offenes Blatt), von Pekoe Souchong (grobes, eher rundes, körnig gerolltes Blatt), von Orange Pekoe (langes, dünnes, drahtiges, also gut gerolltes Blatt) und von Flowery Orange Pekoe (sehr drahtiges und gleichmäßiges Blatt mit den oben beschriebenen „tips"). Beim Broken-Tee unterscheidet man Broken-Pekoe (kleines, etwas unregelmäßiges, auch drahtiges Blatt; meist aus den zarten Blatträndern und Blattspitzen, die im Produktionsprozeß gebrochen wurden) und Flowery Broken Orange Pekoe (kleines, in der Größe einheitliches Blatt mit recht viel „tips", die während der Verarbeitung von den jüngsten, zarten Blatttrieben abgebrochen sind). Fannings sind kleine Blattrandteilchen und Blattspitzen, feine Aussiebungen der geschnittenen Sorten; sie ergeben eine kräftige, rasch färbende Tassenqualität, lassen sich schnell bereiten und werden unter anderem für die Produktion von Aufgußbeuteln verwandt. Unter Dust (der letzten Stufe) versteht man die kleinsten, noch brauchbaren, ausgesiebten Teeteile. Der gröbere, sogenannte Pekoe-Dust ähnelt schon den Fannings.

Seit einigen Jahren wird neben der herkömmlichen Aufbereitung auch das zeitsparende CTC-Verfahren praktiziert. Die drei Buchstaben sind Abkürzungen für englische Begriffe: „crushing", „tearing" und „curling", zu deutsch: „zermalmen", „zerreißen" und „rollen". Nach dieser Methode wird das grüne Blatt zunächst ebenfalls gewelkt, dann jedoch einmal dreißig Minuten gerollt und anschließend an die Grünblatt-Siebung in der CTC-Maschine zwischen gedornten Walzen zerrissen. Stengel und Blattrippen werden weitgehend ausgeschieden. Nur das zerkleinerte „Fleisch" des grünen Blattes wird weiterverarbeitet.

Grüner Tee, der vor allem in den ostasiatischen Ländern und Nordafrika konsumiert wird, stammt von derselben Pflanze wie sein „schwarzer" Konkurrent. Der Unterschied besteht nur darin, daß er nicht fermentiert wird. Er enthält noch alle Bitterstoffe, die beim Schwarztee durch das Fermentieren reduziert werden, und hat einen sehr herben Geschmack. Nach Europa wurde zunächst fast ausschließlich der grüne Tee eingeführt. Auch in Ostfriesland trank man ihn lange Zeit. Erst ab etwa 1890 eroberte sich der Schwarztee zunehmend den Markt; dennoch gab es in den Jahren vor dem ersten Weltkrieg ostfriesische Hausfrauen, die in der Teebüchse beide Sorten miteinander vermengten. Sehr beliebt waren noch um 1905 sogenannte Hamburger Mischungen aus grünem und schwarzem Tee. Es wird angenommen, daß der Einfluß des englischen Schwarztees aus Indien und Ceylon sowie dessen geringerer Teingehalt den Wandel förderten. Außerdem zeigte sich, daß der schwarze Tee gegenüber

schädlichen Umwelteinflüssen wesentlich widerstandsfähiger war und Seetransporte besser überstand. Die äußeren Bedingungen für den Transport waren im Gegensatz zum 17. und 18. Jahrhundert jedoch auch wesentlich günstiger geworden: Die empfindliche Importware wurde nicht mehr in teerigen, feuchten Laderäumen von Segelschiffen, sondern in möglichst geruchssicher verschlossenen Frachträumen von Dampfschiffen über die Weltmeere befördert.
Vor dem zweiten Weltkrieg spielte der Blatt-Tee die bedeutende Rolle; heute dominieren in der ganzen Welt die Broken und Fanningsgrade. Auch in dieser Hinsicht mußten sich die Ostfriesen umstellen.

Kehren wir zurück zum Schwarztee, der inzwischen als Rohstoff fertig aufbereitet ist und in Versandkisten verpackt wird, die zwischen 30 und 50 Kilogramm fassen. Die Kisten bestanden lange aus Tannen- oder Fichtenholz finnischer, kanadischer oder sibirischer Provenienz; sie waren ausgekleidet mit verzinktem Blei und luftdicht verlötet. Innen waren die Behälter mit Reisfaser-Seidenpapier ausgeschlagen, um die Ware vor der Berührung mit dem Metall zu bewahren. Außen wurden sie mit bedrucktem oder bemaltem Reisstrohpapier beklebt und mit einem Schellackfirnis überzogen. Indien und Ceylon führten vor einigen Jahrzehnten transportsichere, mit Aluminiumfolie ausgeschlagene Sperrholzkisten ein.
Von den Plantagen aus geht die gegen Witterungs- und Geruchseinflüsse geschützte Ladung in alle Welt, ein beachtlicher Teil gerade der besten Qualitäten zu den Markenfirmen und Importeuren in Ostfriesland. Bundesdeutsche Importeure beziehen Tee im allgemeinen auch heute noch per Schiff, hochwertigere Sorten per Flugzeug über die Hauptumschlagplätze Hamburg und Bremen. Die großen Firmen unterhalten eigene Zollager.
„Ostfriesische Mischung" — schon der Name sagt, daß Deutschlands Teetrinker Nr. 1 nur selten ungemischte Originalsorten aufbrühen. Sie schätzen die ungewöhnliche Qualität der von erfahrenen Fachleuten sorgfältig abgestimmten Kompositionen verschiedener Provenienzen, die erst das eigenartige, blumige Aroma und den kräftigen Aufguß des Nationalgetränks ergeben. Die Basis ist immer Assam, je nach Rezeptur veredelt und abgerundet durch hochwertige Darjeeling-, Ceylon-, Java- oder Sumatra-Sorten. Das Prädikat „echt ostfriesisch" ist für die heimischen Markenfirmen geschützt. Der früher dominierende leichte Chinatee würde bei den Ostfriesen heute keinen Anklang mehr finden. Abgesehen vom Geschmack gibt es drei weitere Gründe, die für Teemischungen sprechen:
1. Tee hat sich heute zu einem Markenartikel entwickelt; der Konsument erwartet, daß „sein" Tee zu jeder Jahreszeit den gleichen Geschmack hat. Die in den Ursprungsländern je nach Jahreszeit schwankenden Qualitätsstufen können nur durch Mischung verschiedener Sorten ausgeglichen werden.
2. Die Einkaufspreise in den Anbauländern unterliegen ebenfalls

markt- und saisonbedingten Schwankungen, während der Verbraucher über einen längeren Zeitraum hinweg einen einheitlichen Preis erwartet. Auch das zwingt den Händler, Preisunterschiede durch den Austausch entsprechender Mischungskomponenten auszugleichen. Dennoch gilt für die ostfriesischen Importfirmen die goldene Regel: Teure Spitzensorten und preisgünstige Mittelqualitäten — aber immer noch Qualitäten — müssen einen guten Tee zu einem annehmbaren Verkaufspreis ergeben.

3. Die Qualität des zubereiteten Tees hängt — ganz besonders in Ostfriesland — von der Güte des Wassers ab. Auch darauf müssen die richtigen Mischungen abgestimmt sein.

Ostfriesen haben sich auf diesem Sektor in über hundertjähriger Erfahrung und Tradition zu Meistern ihres Faches entwickelt. Wer in einem der führenden Markenbetriebe das Zeremoniell einer sorgfältigen Teeprobe beobachtet, darf getrost auch einmal selbst „die Nase in den Tee stecken". Das ist kein Scherz, denn bei der Trockenprobe der zunächst nur als Muster vorliegenden Ware beugt sich der Fachmann über das duftende Produkt, haucht (mit der Nase die Teeblätter fast berührend) kräftig auf den Tee, um dann höchst konzentriert das Aroma tief einzuatmen. Schon jetzt kann der Probierer wesentliche, wenn auch noch nicht alle Eigenschaften der ihm vorliegenden Sorte beurteilen. Mehr verraten ihm die Augen: Wie sieht der trockene Tee aus, welche Farbe hat er? Wie sind die Blätter gerollt? Aber das bleibt immer noch grobe Einschätzung, fast oberflächlich im Vergleich zur Schmeckprobe. Sie ist eine hohe Kunst.

Auf einem langgestreckten Tisch, unter einem großen Fenster (Helligkeit ist wichtig, um das Aussehen der Ware begutachten zu können) stehen etwa sechzig oder mehr Probierschälchen, davor ein Aufgußkännchen für die Zubereitung und Muster der zu probierenden Originaltees oder Mischungen — Angebote ausländischer Firmen, Konkurrenzprodukte und eigene Vergleichsmuster. Für den Probeaufguß wird eine mit der Apothekerwaage genau abgestimmte Teemenge (als Gewichtsstück dient ein englisches Sixpencestück) und das gleiche Quantum frischsiedenden Wassers verwendet. Mit gleicher Genauigkeit läßt man den Tee „ziehen", meist fünf oder sechs Minuten, und zwar nach der Minutenuhr. Dann wird er schnell aus dem Aufgußkännchen in das Probierschälchen geschenkt.

Jetzt wird „geschmeckt". Der Teetester begutachtet die aufgebrühten Blätter, die im Kännchendeckel liegen. Haben sie eine gute, rostbraune Farbe, sind sie über- oder unterfermentiert? Mit einem Probierlöffel schöpft er Tee aus dem Schälchen und schlürft ihn langsam, wiederum äußerst konzentriert, über die Zunge. Kaum hat der Probetrunk einige Sekunden zwischen Zunge und Gaumen gelegen, spuckt ihn der Prüfer in ein Gefäß. Der Vorgang erinnert an eine Weinprobe. Schon wird die nächste Sorte abgeschmeckt, sorgfältig, genau und kritisch. Jedes Ergebnis, jedes Urteil wird notiert. Das ist Vor-

*44 Der Tee-Koster muß schon über eine große Erfahrung, ein umfassendes Wissen und eine besondere Begabung verfügen, um aus den Tee-Proben aus aller Welt die Original-Tees auszuwählen, die den typischen Geschmack einer echt ostfriesischen Mischung garantieren.
(Foto J. Bünting & Comp.)*

bedingung für die Zusammenstellung der Mischungen. Eine echte „Ostfriesische Mischung" vereint bis zu 20 Sorten. Die Ergebnisse sind auch für den Einkauf wichtig. Finden einige Originalsorten die Zustimmung der Fachleute, wird die Ware direkt von den Plantagen aus den Erzeugerländern bezogen oder der Makler der Firma ersteigert auf den Tee-Auktionen, vor allem in Calcutta oder Colombo, einige Kisten. Das heißt nicht, daß er sie auch erhält, denn nur fünf, zehn, höchstens vierzig Kisten zu 50 Kilogramm stehen von einer bestimmten Pflanzung zur Versteigerung. Gute und hervorragende Sorten sind knapp. Oft teilen sich zwei oder vier Käufer eine Partie, um „Phantasiepreise" von vornherein abzublocken. Befreundete Interessenten verständigen sich auf den Auktionen durch bestimmte Geheimzeichen und erwerben gemeinsam ein „umstrittenes" Produkt.

Ein ostfriesischer Tee-Einkäufer, der 1969 monatelang die indischen Anbaugebiete und Teehandelshäuser besuchte und an mehreren Auktionen teilnahm, faßte seine Eindrücke von einer Versteigerung in einem Zeitungsbericht für seine Landsleute so zusammen:
„In Calcutta besuchte ich befreundete Teefirmen, mit denen unser Haus seit Jahren in Geschäftsbeziehung steht. Wöchentlich nahm ich an der Calcutta-Tee-Auktion teil, der größten Auktion im internationalen Teehandel. An drei Tagen jeder Woche kommen dort bis zu 80 000 Kisten Tee unter den Hammer, das sind bis zu 400 000 Kilogramm... Muster der zum Verkauf angebotenen Partien werden eine Woche vorher verteilt und somit dem Handel vorgestellt. Die interessierten Käufer versuchen, zu einem möglichst niedrigen Preis das Lot zu ersteigern. Dabei muß man höllisch aufpassen, um nicht auf einer Partie sitzenzubleiben, denn das Ganze spielt sich unter sehr schnell sprechenden, in geheimer Zeichensprache gestikulierenden Leuten ab. Ein kleiner Seitenblick auf den Angebotskatalog des Nachbarn kann eine verpaßte Gelegenheit bedeuten. Besonders interessant ist der Tag, an dem für den internen indischen Bedarf gekauft wird. Dann finden sich viele Käufer des Calcutta-Basars im Auktionsraum zusammen und beherrschen mit ihrem indischen Element das Geschehen. Die Atmosphäre ist orientalisch und aufregend. Sehr lautstark handeln die manchmal mit Turban bedeckten, bärtigen Inder, springen auf, fluchen, singen, kurz: Man gibt seinen Gefühlen freien Lauf..."
Vom Tee selbst ist auf einer Auktion nichts zu sehen. Gekauft und ersteigert wird nach langen Listen mit verwirrenden Zahlen und Abkürzungen, die auf die einzelnen Partien hinweisen – nur dem Eingeweihten verständlich.
„Teeblättchens große Reise" ist der Titel eines Albums für farbige, goldumrahmte Sammelbildchen, die Anfang der fünfziger Jahre in Ostfriesland und darüber hinaus sehr begehrt waren. Autor des erläuternden, mit viel Phantasie, aber auch mit entsprechendem Sachverstand verfaßten Begleittextes war der Schriftsteller Hansjörg Martin („Kein Schnaps für Tamara"). Der spätere Krimi-Autor schilderte darin „Teeblättchens" Abenteuer zwischen Indien und Norden und besonders plastisch die letzte Station – die Verwandlung in die berühmte „Ostfriesische Mischung":
„Jeder der eingetroffenen Kisten wurde eine Probe entnommen, die ins Probierzimmer wanderte. Teeblättchen war natürlich dabei und sah aus seiner blanken Büchse zu, wie der Mischmeister sorgsam ausgewählte Teeproben von Plantagen Assams, Javas und Ceylons auf einer Waage abwog, aufbrühte, prüfte und eingehend kostete. ‚Vorzüglich', meinte der Probierer und schickte den Lehrling auf den Teeboden, um noch eine weitere Büchse zu füllen. Teeblättchen schloß sich dem eifrig davonflitzenden Jungen an. Seine Kameraden fand Teeblättchen in einem blitzblanken Eisenbehälter, der sich wie ein Baggereimer eine schräge Bahn aufwärts bewegte. Unser

Freundchen, das wieder einmal genau wissen wollte, was vor sich ging, nahm wißbegierig auf dem Rande des fahrenden Eimers Platz und ließ sich beinebaumelnd und vergnügt in die Höhe transportieren. Aber pardauz! – mit einem Male kippte der Förderkasten, und Teeblättchen purzelte mit der ganzen Gesellschaft in eine riesengroße Trommel. Kaum hatte es sich von seinem ersten Schreck erholt, da begann sich die Trommel zu drehen und die Scharen von Teeblättchen taumelten, stolperten und überschlugen sich in tollem Wirbel. Es gab ein unbeschreibliches Durcheinander. Mit einem Ruck hörte die Trommel auf sich zu drehen, der Boden gab nach, und Teeblättchen rutschte im Kreise der erlesenen und nunmehr sehr gemischten Gesellschaft über eine blitzende, heftig schüttelnde Gleitbahn aus Drahtgewebe hinab. Wer nun, mitgenommen von der weiten Reise, den Kopf nicht oben behielt, sank unweigerlich durch die tückischen Drahtmaschen. Teeblättchen geriet mit den Artgenossen, die gleich ihm ihre gute Haltung bewahrt hatten, in den Schlund eines mächtigen runden Eisenbeckens, das sich nach unten wie ein Trichter verengte und von stämmigen, auf starken Rollen beweglichen eisernen Stützen getragen wurde. Dieses eigenartige Gefährt, Teehund genannt, wurde von kräftiger Hand zu einer kleinen viereckigen Öffnung geschoben, die sich im Fußboden des Raumes befand. Wieder gab es eine Rutschpartie. Zunächst ging's hinab durch einen dunklen Schacht und dann über zwei schräggestellte Gleitbahnen, die sich ständig rhythmisch bewegten. Nun ruhten die Teeblätter einen Augenblick in einer golden glänzenden Waagschale – der letzten Station der elektrisch-automatischen Verwiegung –, aber schon ging es weiter. Die Schale kippte und behutsam geführt landete Teeblättchen in einem Papierbeutel, der sich alsbald schloß. Teeblättchen war aus dem Beutel entwischt und schaute belustigt dem Treiben vieler junger Mädchen zu, die geschäftig an den Abfüllmaschinen hantierten. Das war ein flinker Betrieb! In endlosen Reihen stapelten sich die Pakete auf einem langen Tisch. Ein riesiger Rollkasten wurde herangefahren und viele, viele Pakete kunstvoll darauf verstaut. Am anderen Ende des großen Teesaals, wohin der Rollwagen nun geschoben wurde, arbeitete an einem Tisch ein Mann. Teeblättchen sah bewundernd, wie er mit flinken Händen sicher die Pakete abzählte, in Kartons packte und das Ganze mit Packpapier umgab, verschnürte und beklebte. Eine große Anzahl Kartons wurde in einen schnittigen Lastwagen geladen, der sich früh am anderen Morgen in Bewegung setzte...«

Die technische Entwicklung der vergangenen Jahrzehnte, der vorwiegend vollautomatische Abfüllprozeß, die zeitgewinnende Nutzung elektronisch gesteuerter Anlagen und die Computer haben Martins Beschreibung in Einzelheiten überholt. Doch in den Grundzügen läßt sich der komplizierte Mischvorgang und der „Feinschliff" des Tees à la Ostfriesland auch heute noch so vereinfacht skizzieren.

Die ostfriesischen Teestädte

Leer, Norden und Emden — das sind die drei ostfriesischen Teestädte, deren Namen traditionell mit dem Nationalgetränk verbunden sind, in denen die „Ostfriesische Mischung" einen wirtschaftlichen Faktor darstellt.
In Leer befaßt sich die Familie Klopp seit fünf Generationen in der Firma J. Bünting & Comp. u. a. mit Tee und seiner Weiterverarbeitung, zugleich mit Kaffee und Tabak. Die Firma geht auf den aus Edewecht stammenden Johann Bünting zurück, der 1806 in der Ledastadt einen Gewürzhandel eröffnete und zehn Jahre später seinen Schwager Weert Klopp in die Firma aufnahm. Von diesem Zeitpunkt an entwickelte sich der Betrieb, denn der Gründer hatte zuvor schwer unter den Folgen der napoleonischen Kontinentalsperre zu leiden. Das Haus der Firmenverwaltung an der Brunnenstraße erhielt im Jahre 1875 mit einem Spitzgiebel seine jetzige Form. Als „Haus im Kreis" ist es seit Jahrzehnten das geschützte Warenzeichen des Unternehmens. An der Spitze der Firma stehen heute Wilhelm, Onno und Ludwig Klopp. Seit Anfang der sechziger Jahre ist das traditionelle Handelshaus zugleich Sitz der A & O Weser-Ems mit einem Lebensmittelzentrallager. Das Markenzeichen „Bünting" grüßt Einheimische und Besucher vom städtischen Wasserturm.
Leer ist auch das „Herz" der 1973 von der Eduscho Kaffee-, Tee- und Kakao-Import Eduard Schopf, Bremen, gegründeten Ostfriesischen Tee-Union, die kurz zuvor zwei alteingesessene Teehandelshäuser in der neuen Gesellschaft verband: Joh. Laur. Huismans & Sohn und Wilken's Teehandelsgesellschaft.
In Norden hat der Tee gleichfalls eine Heimat gefunden. 1887 eröffnete Onno Behrends ein „Theehandelshaus", das sich vor allem durch die jahrzehntelang geführte Marke „Wadi Kisan" und eine unter gleicher Bezeichnung angeschlossene Teelikörfabrik einen Namen machte. Der welterfahrene Kaufmann führte Handelshäuser für Orientteppiche und China-Porzellan in Berlin, Westerland sowie auf Norderney und erwarb 1917 eine Norder Tabakfabrik. Sein Sohn Bernhard entschloß sich bereits in den zwanziger Jahren, Tee nicht mehr lose, sondern fast nur noch in Packungen zu liefern. Seit 1962 leitet Dr. Bernhard Heiko Behrends das Unternehmen. Niederlassungen unterhält das Haus in Hamburg, Duisburg, Darmstadt und München. Damit gelang der ostfriesischen Firma der Vorstoß in den west- und süddeutschen Raum. An der südlichen Einfahrtsstraße der Küstenstadt wirbt Behrends mit einer überdimensionalen Teepackung.

Das ebenfalls in Norden ansässige Spirituosen-Unternehmen Doornkaat AG. bringt nicht nur den „ostfriesischen Landwein", sondern seit einigen Jahrzehnten auch Ostfriesentee auf den Markt. Die seit dem vergangenen Jahrhundert bestehende Firma Thiele & Freese ließ Emden in die Reihe der ostfriesischen Teestädte aufsteigen. Bekannt wurde das Haus vor allem durch eine früher sehr intensive Verbindung zu Händlern im nordwestdeutschen Teetrinkerbezirk. Über die Grenzen der Seehafenstadt hinaus hat auch der Tee-Import Cornelius Penaat einen Namen. Penaat zählte zu jenen, die nach dem zweiten Weltkrieg die Spezialität erstmalig auch wieder in früher üblichen Spitztüten verkauften. Tee in dieser Verpackung, die der Nostalgiewelle der siebziger Jahre entspricht, gibt es zum Teil auch bei anderen Markenfirmen. Die meisten Großfirmen, aber auch kleinere Versandhäuser außerhalb Ostfrieslands haben ebenfalls „Ostfriesische Mischungen" im Angebot.
Erwähnen sollte man hier das Teehaus Paul Schrader & Co. in Bremen, dessen Mitbegründer schon vor dem ersten Weltkrieg in China Tee handelte. Im Katalog der Firma, die Privatpersonen im Bundesgebiet direkt beliefert, findet man u. a. über 50 Tee-Spezialsorten — neben allerfeinsten Assamtees die Spitzensorten der Welternte aus Darjeeling, Ceylon, China und Japan sowie ostfriesische Mischungen. Auffallend ist, daß (nach dem Stand von 1975/76) im Zeitalter der Konzentration und Kooperation die „kleineren" Abpacker und Importeure auf dem Teemarkt wieder an Boden gewinnen. Mit heimatlich-ostfriesischen oder historischen Markenbezeichnungen versuchen sie, an den Kundenstamm der „Großen" heranzukommen und sich in das Geschäft mit dem Schwarztee im besten Sinne durch eigene Produkte hineinzumischen. Nicht ungewöhnlich ist, daß die „Kleinen" bei den „Großen" Sondermischungen herstellen lassen und unter eigenen Namen in den Handel bringen; andererseits liefern Importhäuser und „Teepacker" die Ware für Eigenmarken großer Handelsunternehmen und -gruppen. Es gibt Leute, die wissen wollen, daß die im Lande verkaufte „Ostfriesische Mischung" anders und kräftiger sei als die im übrigen Bundesgebiet angebotene.
Nach einer von der Wirtschaftsredaktion der Frankfurter Allgemeinen Zeitung (FAZ) recherchierten, im Jahre 1973 veröffentlichten Branchenübersicht sind die Firmen Teekanne (Düsseldorf) und Meßmer (Frankfurt) im gesamten Teemarkt der Bundesrepublik die Spitzenreiter. Das Blatt kam zu dem Ergebnis, daß die ostfriesischen Handelshäuser in ihrer Konzentration auf das eigenständige „Teetrinkergebiet" getrennt gesehen werden müssen. Die in Umfragen zusammengetragenen und von der Zeitung publizierten Positionen seien auch deshalb nicht unbedingt miteinander vergleichbar, weil sie sich „teils auf Ostfriesland, teils auf das erweiterte Teetrinkergebiet Ostfriesland-Oldenburg beziehen".
Was man unter einem „erweiterten Teetrinkergebiet" zu verstehen hat, definiert die Gesellschaft für Teewerbung in Hamburg präziser,

indem sie feststellt: „Die Marktforschung muß berücksichtigen, daß in Ostfriesland bei Tee so völlig andere Konsumgewohnheiten herrschen. Man muß Ostfriesland und das übrige Bundesgebiet einschließlich West-Berlin wie zwei verschiedene Länder behandeln, Ostfriesland ist in diesem Sinne jedoch keine politische Einheit. Für die Zwecke der Marktforschung rechnet man dazu im Land Niedersachsen: a) den gesamten Regierungsbezirk Aurich (Stand 1976), b) vom Regierungsbezirk Osnabrück die Landkreise Aschendorf-Hümmling und Meppen sowie c) vom Verwaltungsbezirk Oldenburg die Städte Oldenburg und Wilhelmshaven und die Landkreise Ammerland, Cloppenburg, Friesland und Wesermarsch." Das heißt: Während die Volkskundler die Geschichte des Teetrinkens stets auf die historisch gewachsene Einheit Ostfrieslands beziehen, steckt die moderne Teewerbung den Rahmen weitaus größer ab.

Onno Behrends (Norden) verwies gegenüber der FAZ darauf, daß seine Teemarke auch außerhalb Ostfrieslands stetig wachsende Erfolge habe. Sein Unternehmen spiele mithin als ostfriesische Marke im Bundesgebiet die größte Rolle. Das Teehaus Bünting (Leer) sieht sich laut FAZ in dem eigentlichen Teetrinkergebiet Ostfriesland, Teilen des angrenzenden Oldenburger Landes und des Emslandes sowie in den Großräumen Bremen und Hannover „auf dem Gebiet abgepackten schwarzen Tees an erster Stelle". Die Ostfriesische Tee-Union (Leer) geht in ihrer Antwort auf die FAZ-Umfrage davon aus, daß sie am Schwarztee-Markt in Ostfriesland (nicht im erweiterten Teetrinkergebiet) „einen Anteil von mehr als einem Drittel habe." Über das Emder Teehaus Thiele & Freese schrieb das Blatt, daß es sich auf den ostfriesischen Teetrinkerbezirk und auf die Grafschaft Bentheim konzentriere und dort „einen respektablen Platz" einnehme. Doornkaat-Tee schließlich gab seinen Stellenwert im ostfriesischen Teetrinkerbezirk mit dem fünften Platz an. Im gesamten Bundesgebiet plazierte man sich bei schwarzem Tee etwa an zwölfter Stelle.

Weil im Teetrinkerbezirk neuer Definition (Ostfriesland, Teilbereiche Oldenburg und Osnabrück) entsprechend dem Steueraufkommen etwa ein Viertel des gesamten deutschen Schwarztees verbraucht wird, ist es nach Ansicht der Deutschen Teewerbung statistisch anfechtbar, für das gesamte Bundesgebiet einen Pro-Kopf-Verbrauch auszurechnen und sich allzusehr auf Zahlenmaterial zu stützen. Bei einer Betrachtung des Endverbraucherabsatzes müsse man berücksichtigen, daß die „Dunkelziffer" durch Direktkäufe von Privatpersonen bei Importeuren u. ä. besonders in Ostfriesland sehr hoch sei. Beim Lebensmitteleinzelhandel werde schätzungsweise nur die Hälfte des tatsächlich verbrauchten Tees eingekauft (Stand 1975/76).

Die Teewerbung in Hamburg legt seit 1954 die Grundzüge der Öffentlichkeitsarbeit im Bundesgebiet fest. Mitte der siebziger Jahre beispielsweise propagierte sie das Wort „Oasiast" als „neue Bezeichnung für einen Menschentyp, der in einer Oase innerer Ruhe und persönlicher Atmosphäre lebt und genießt". Die Individualität des

„Oasiasten" brachte sie mit dem Tee in Verbindung („Echter Tee – das ganz persönliche Schlürfvergnügen"). Ostfrieslands Teefirmen sprechen ihre Kundschaft seit Jahrzehnten sehr gezielt und heimatverbunden nach bewährten, wirksamen Rezepten an. Verändert hat sich zwar die Form der Werbung, geblieben ist jedoch der Inhalt. Bevorzugt werden kernige plattdeutsche Aussprüche („Köst 'n Daler, smeckt d' na!" „XY-Tee, best up Stä!") und Erkenntnisse kerngesunder Ostfriesen, die in Wort und Bild auf eine bestimmte Marke schwören. In großflächigen Zeitungsanzeigen werden die Requisiten des landesüblichen Teezeremoniells gezeigt oder Erinnerungen an weniger bekannte Gebäckformen wachgehalten („Schneckenkuchen"). Hervorgehoben werden Hinweise auf Tradition eines Hauses und bestimmte Qualitätssymbole (Beispiel „Teekreuz"). Kleinere Importeure und Versandhäuser stellen ihre Werbung betont auf Begriffe wie „Spezialität", „Qualität" und „individuell" ab, z. B. der Rudolfsen-Tee-Import, Leer, mit der Marke „Störtebeker".

Expansionschancen sehen die großen ostfriesischen Markenfirmen auch im Geschäft mit Kräutertee und auf dem Teebeutelmarkt – in der Erkenntnis, daß ein steigender Teekonsum offensichtlich mit der praktischen Handhabung des Teebeutels verbunden ist. Nach einer Übersicht von 1975/76 werden in der Bundesrepublik bereits sechzig Prozent des Tees in Aufgußbeuteln und nur noch vierzig Prozent in Packungen abgefüllt. Behrends (Norden): „Mochte es auch der ostfriesischen Teekultur mit ihren hohen Qualitätsansprüchen zunächst widerstreben, so hat sich auch unser Haus diesem Trend angepaßt, und zwar mit dem Ergebnis, ein Verfahren anzuwenden, daß sich auch noch im Beutel das unvergleichliche Aroma dieses Getränks im größtmöglichen Maß entwickelt."

Vernünftig ist, daß sich die heimischen Unternehmen, allein schon aus wirtschaftlichen Gründen, dem Trend zum Teebeutel angeschlossen haben und somit der Konkurrenz auswärtiger Firmen begegnen. Dennoch fällt es ihnen nach eigenen Angaben schwer, die Teekenner unter den Ostfriesen vom modernen Schnell-Aufguß zu überzeugen. Die sprichwörtliche Gemütlichkeit und fixe Zubereitungsmethoden sind nicht auf einen Nenner zu bringen. Für den echten ostfriesischen Teetrinker bleibt der Beutel auch vom Geschmack her Ersatz und Behelf.

Anno dazumal war alles anders. In der „guten alten Zeit", als es noch keine elektronisch gesteuerten Maschinenanlagen gab, mischten die meisten ostfriesischen Teegroßhändler ihre ausgesuchten Sorten nach entsprechenden Proben selbst – und zwar auf einem Mischboden aus hartem Holz. Auf die ebene Fläche wurde ein Teehaufen geschüttet und von zwei Männern mit Holzschaufeln vier- bis fünfmal „umgeschüppt". Über ein Teeversandhaus wird berichtet, daß die jüdischen Reinheitsvorschriften besonders streng beachtet werden mußten. Ein Rabbiner im langen Kaftan stieg mit dem Kaufmann auf den Teeboden („Teeböntje"), wo die noch verschlossenen, mit

45 Kaufmannsladen. Mitte 19. Jhdt

Blechstreifen versehenen Vollholzkisten standen. Vor den Augen des Rabbiners wurden die Behälter geöffnet. Dann griff der jüdische Oberkantor in die Teemenge und machte sie für seine Glaubensbrüder „rein und koscher". Erst dann konnte die Ware gemischt und an die jüdischen Familien geliefert werden.
Bis in die Mitte der dreißiger Jahre bezogen viele Einzelhändler in Ostfriesland ihren Tee lose. So konnte jeder Kaufmann seine eigene „Haussorte" führen. Auch nach dem zweiten Weltkrieg hielten manche Händler daran fest. Selbst heute beliefert eine ostfriesische Firma noch einige Kaufleute mit losem, in Originalkisten verpacktem Tee.
Wenn die Ware vom Großhändler kam, wurde sie gewöhnlich in große, meist dunkelfarbig oder schwarz lackierte Blechbüchsen gefüllt, deren oberer Teil sich konisch verjüngte und mit einem sogenannten Überfalldeckel verschlossen war. Der große Behälter entsprach in der Form der kleinen Teedose in den Haushaltungen. Um die Qualitäten unterscheiden zu können, numerierte man die Gefäße. Es gab dörfliche Kaufleute, deren „Teenase" weithin berühmt war; schnüffelnd fanden sie aus vorgelegten Proben die besten Sorten heraus. Neben Großhändlern und Importeuren, die in Ostfriesland und in den norddeutschen Hansestädten (nicht nur für „Butenostfreesen") ihre eigenen Sondermischungen unter klangvollen, heute vergessenen Namen anboten, gab es in den Städten und größeren Orten zwischen Ems und Jade die Tee-Spezialhandlungen und Versandhäuser mit einer festen Stammkundschaft bis weit hinein ins Binnenland.

In alten Zeitungen, Zeitschriften und Kalendern stößt man auf ihre Anzeigen. So offerierte der Teeversand Reddingius in Loga Ende der zwanziger Jahre seine „Ostfriesische Mischung I", das Pfund für 4,40 Reichsmark („bei fünf Pfund franko gegen Nachnahme"). Rademacher in Detern empfahl zur gleichen Zeit drei Sorten seiner „besonders schmackhaften Mischung". Das „Haus Teeblüte" von Eckhoff in Emden versprach seinen Abnehmern zur Probe „Muster auf Wunsch". Eine „Waggonladung Tee" (London — Emden via Bremen) bot das Emder Teehaus Frisia (Terbeek) im Februar 1930 an. Über Aurich hinaus hatte „Bredendiecks Tee" einen guten Klang, und in Leer blieb der Werbeslogan eines Teekaufmanns noch über Jahrzehnte hinweg in Erinnerung: „O, wat het de Nolte lecker Tee!" Wer in den Adreßbüchern der Stadt Leer blättert, entdeckt in den Jahrgängen 1902 und 1910 drei weitere Namen von seinerzeit bekannten Tee-Geschäften: van Delden, H. E. Schmidt und Emil Behrens. Auf Kur- und Badegäste spekulierten bereits 1890 die beiden Emder Teehändler Claas Foelders und Hilrich de Vries, als sie in einem Insel-Führer „Assam, Ceylon, China, Java, Japan und andere Theesorten, schwarze wie grüne, in Originalpackungen und in Anbruch" (Foelders) offerierten und dabei die „Anerkennungsschreiben aus allen Ständen der Bevölkerung" (de Vries) gebührend erwähnten. Das Versandgeschäft Mülder in Emden offerierte 1912 „eigenartig zusammengestellte Thees" zu Preislagen zwischen drei und 1,40 Mark sowie „Grusthee zu 120 Pfennig das Pfund". Mülder verwies auf seine Direkteinkäufe in der Amsterdamer Tee-Auktion.

In den alten Kolonialwarenläden wurde der lose Tee noch auf einer zierlichen Waage abgewogen und durch einen Trichter in eine Spitztüte („Teepüt") geschüttet, die ein viertel oder ein halbes Pfund faßte. Auf diese Verpackung legten die Kaufleute besonderen Wert. Die Tütenkleber („Tütjeplakkers") fertigten sie aus durchsichtigem Papier (rot oder gelb) mit weißem Futter. Größere Mengen wurden in Beuteltüten eingewogen, mit einem Band umschnürt und mit einem besonderen Knoten verschlossen. Als besonders leicht und fest zugleich galten die Tüten von Warnecke in Leer. Versandgeschäfte verschickten die Ware auch in bunten, viereckigen Blechdosen.
Vor dem ersten Weltkrieg boten die Kaufleute durchweg vier Sorten Tee an. Sie kosteten seinerzeit pro Viertel 45, 50, 55 oder 60 Pfennig. Ärmere Bevölkerungsschichten — wie die Moorkolonisten — konnten sich oft nur ein „Döppsel" für zehn Pfennig leisten oder kauften jeweils am Sonnabend ein Viertel Tee für die ganze Familie und für die ganze folgende Woche. In den zwanziger Jahren mußten die Ostfriesen für 125 Gramm das Doppelte zahlen.
Wie das Salz zum Ei gehört in Ostfriesland der Kandis (Kluntje) zum Tee. Die Kandisproduktion ist besonders aufwendig. „Um ihn zu erhalten", schrieb der Brockhaus von 1865, „läßt man den geläuterten, aber nicht stark eingekochten Zuckersaft in kupfernen,

mit Zwirnsfäden durchzogenen Gefäßen erst an einem kühlen Orte, hernach einige Tage in der Darrstube kristallisieren". Der Fadenkandis war noch bis etwa 1960 im Handel. Er wird nicht mehr hergestellt, weil das Einspannen der Fäden in die Kristallisiergefäße („Potten") Handarbeit erfordert und zu teuer wäre. Heute gibt es nur weißen oder braunen fadenlosen Kandis. Die Herstellungsverfahren sind für beide Sorten gleich: Eine hochkonzentrierte Zuckerlösung, die man „Kläre" nennt, wird in Kristallisierwannen gefüllt, die früher mit Fäden, heute aber mit Zwischenblechen versehen sind. Für braunen Kandis wird der Ausgangskläre Karamel zugesetzt, der durch Erhitzen von Zucker entsteht. An der Oberfläche der Bleche sowie an den Seitenwänden und Böden der Wannen kristallisiert der Zucker unter stetiger Abkühlung in Form von dicken Krusten aus. Nach dem Abschluß dieses Prozesses wird der restliche Sirup abgelassen. Die Wannen werden zum Trocknen einige Zeit nicht berührt. Dann werden die bis zu 15 Zentimeter dicken Krusten herausgebrochen, zerkleinert und abgesiebt.

Brauner Krusten-Kandis und „Grümmel" sind Produkte dieser Herstellungsverfahren, bei denen die Kristallbildung in absoluter Ruhe erfolgt. Im Gegensatz dazu entsteht der Kandis in der wohlausgebildeten Form des Einzelkristalls (als weißer Kandis, Kluntje oder brauner Würfel-Kandis) durch „Kristallisation in Bewegung". Das heißt: Die braune oder weiße „Kläre" wird in Kristallisiergefäße gegeben, in denen die Zuckerlösung ständig im Kreislauf von unten nach oben strömt. Dadurch werden die Kristalle immer ein wenig angehoben und bleiben in Bewegung. Sie wachsen daher gleichmäßig, können aber nicht zusammenkleben. Die Wachstumszeit eines Kluntje beträgt etwa drei Wochen. Bis zum Ende des ersten Weltkrieges wurden die Ostfriesen fast ausschließlich von einer Fabrik in Tangermünde mit dem für ihren Tee unentbehrlichen Kandis beliefert. Nach 1918 übernahm die Kölner Zuckerfabrik Pfeifer & Langen — auf Veranlassung der Firma Bünting — die Produktion. Es gab jedoch noch andere Marktbewerber. Heute ist Pfeifer & Langen Alleinhersteller.

Der Kandis ist keine deutsche Erfindung. Seine Herstellung kannten die Araber bereits im 9. Jahrhundert. Um das Jahr 1000 wandten arabische Augenärzte Kandis als Heilmittel an. Auch die Ägypter verordneten größere Zuckermengen als Medizin.

Ostfriesland und die Teekultur

Kenner der „Tee-ologie" teilen die Völker und Volksstämme der Erde in Kaffee- und Teetrinker ein. Ihre Genüsse entsprechen ihrem Geschmack, ihrem Temperament und ihrem Charakter. „Weil der Kaffee die Sinne schärft, den Mitteilungsdrang steigert und pathetisch-aggressiv macht, ist er das typische Getränk der angriffslustigen Araber, der diskutierfreudigen, dem geistigen Abenteuer offenen Völker rund um das Mittelmeer. Der Tee hingegen lädt zur Meditation, zum gelassenen Schweigen am Kaminfeuer bei ähnlich geistiger Wachheit ein. Er ist deshalb das Getränk der Chinesen, Japaner, Inder, Russen, Engländer" — und der Ostfriesen. So ungefähr umschrieb es einmal der Schriftsteller Kurt Benesch in einem Loblied auf die Kaffeebohne.
Jedes Teetrinker-Völkchen hat seinen eigenen Weg zum belebenden Zaubertrank gefunden, seine eigene Art der Zubereitung, seine Mischung und sein Zeremoniell. Dennoch gibt es Gemeinsamkeiten, Parallelen und reizvolle Vergleiche. Und vor allem: Es gibt eine Menge Legenden, Anekdoten, Geschichten und Lebensweisheiten, die überall dort, wo ein gutes Täßchen zelebriert wird, erzählt werden und Bücher füllen. Die Leidenschaft für den köstlichen Trunk verbindet die Teegenießer — ob sie nun in Peking oder London, im australischen Sydney oder in Ostfriesland zu Hause sind.
Die ersten, seit Jahrhunderten in immer neuen Variationen überlieferten Teegeschichten stammen aus China. Um 2700 vor Christi herrschte im Reich der Mitte der Kaiser Schen-nung, der sich als „göttlicher Landmann" dem Ackerbau widmete und als Vater der Arzneikunde noch heute verehrt wird. Er lebte gesund und trank nur abgekochtes Wasser. Von einem Strauch des Palastgartens wehten eines Tages einige Blätter in den Kessel und vermengten sich mit dem Wasser. Der Kaiser kostete den Trank und fühlte sich wunderbar belebt. Die Blätter stammten von einem Teestrauch. Seitdem werden ihm die klassischen Worte zugeschrieben: „Tee weckt den guten Geist und die weisen Gedanken; er erfrischt den Körper und beruhigt das Gemüt. Bist du niedergeschlagen, dann wird Tee dich ermutigen."
Im Jahre 527 nach der Zeitenwende kam der fromme indische Königssohn Darma als Missionar und Verkünder der buddhistischen Weltanschauung nach China. Die Legende erzählt, daß er sich eines Tages, als ihn beim Meditieren immer wieder der Schlaf übermannte, zornig die Augenlider abschnitt und auf den Boden warf. Über Nacht wuchsen daraus kleine Stauden. Erstaunt und wie von einem inneren Zwang getrieben kostete der Apostel die grünen Blätter. Verwundert spürte er, wie neue Kraft seinen müden Körper durchströmte.

46   Zweig eines Teestrauches. Holzstich   1873

In diesen wohl bekanntesten Überlieferungen, die zwei Jahrtausende umspannen, verbinden sich Dichtung und Wahrheit. Streift man jedoch die Legenden ab, bleibt ein historischer Kern. Die Chinesen kannten bereits zur Zeit des Kaisers Schen-nung den Tee – ob zunächst als heilende, kraftspendende Medizin oder schon als belebendes Genußmittel, wird wohl ein Rätsel bleiben. Vermutlich gab es beide Verwendungsarten – wie später in Europa – nebeneinander. Das eine schließt das andere nicht aus. Die Sage vom indischen Buddhisten Darma könnte einen Hinweis darauf geben, daß der fromme Missionar neben seiner Religion die Kunde von einer eigenständigen indischen Teekultur nach China brachte. Beide „Teereiche" sollen um diese Zeit Kenntnis voneinander erhalten haben. Sicher ist jedoch, daß spätestens seit dem fünften nachchristlichen Jahrhundert der Genuß des Getränks im Reich der Mitte schon weit verbreitet war. Es inspirierte Herrscher und Literaten zu Lobsprüchen. So riet um 370 der Kaiser Fu-kien-lieng seinen Untertanen, den „nicht berauschenden Tee, diese köstliche Flüssigkeit" zu trinken, weil er die Sorgen vertreibe und den Körper in einen Zustand der Ruhe und des Wohlbehagens versetze.

Dichter bezeichneten den Trank als den „Schaum der flüssigen Jade". Als Zeichen höchster kaiserlicher Gnade erhielten verdiente Würdenträger nicht Orden und Geschenke, sondern seltene, streng geheimgehaltene Teerezepte. Im Volk selbst bürgerte sich der Begriff „Ch'a" oder „tscha" (Tee), wahrscheinlich eine Verstümmelung des klassischen „tu", ein. Das chinesische Urwort legte buchstäblich den Grundstein für nahezu gleichlautende oder leicht abgewandelte Bezeichnungen in vielen anderen Sprachen.
Die Zubereitung des „Zaubertranks" machte bis in das Mittelalter hinein im fernen Osten drei „Schulen" durch. Man genoß den Tee zuerst gekocht, dann gepulvert und später aufgebrüht. Als die Europäer Chinas Teegeheimnisse kennenlernten, nahmen sie das Rezept der dritten, der „Brüh-Phase", in abgewandelter Form mit in die Heimat. Die Anleitungen für die beiden anderen Verfahren probierten sie nicht — vielleicht ahnten sie, daß aus erst gedämpften, dann getrockneten, in einem Mörser zerstampften und schließlich zu „Teekuchen" gepreßten Blättern keine Köstlichkeit für Zunge und Magen entstehen konnte. Die „Köstlichkeit" bestand aus einem abgebrochenen Stück „Teekuchen", das man in Salzwasser aufkochte und zusammen mit scharfen Gewürzen, Milch und sogar Reis zu einer breiigen Suppe verrührte. Eine Erinnerung daran gibt es noch bei den Tibetanern, die pfundschwere „Teeziegel" aus China importieren und mit geröstetem Reismehl und Butter aufbereiten. Für europäische Gaumen ebenso schwer genießbar war der Pulvertee. Er wurde mit einem Bambusbesen in heißem Wasser schaumig geschlagen und dann serviert. Das ist beim japanischen Teezeremoniell heute noch üblich.

Der erste „Apostel des Tees", der weit über sein Land hinaus berühmt wurde, war ein Chinese. Er hieß Lu-Yü (auch Lu-Yu oder Han-Yü) und lebte von 768 bis 824. Sein dreibändiges Buch „Tscha-king" gilt heute noch als heilige Schrift ostasiatischer Teetrinker. In zehn Kapiteln schrieb er alles nieder, was mit Tee in irgendeiner Form zu tun hatte. Er erläuterte die Sorten, gab Anweisungen für Zubereitung und Zeremoniell und schilderte die notwendigen (24!) Geräte. Blau war für ihn die ideale Farbe eines Teegeschirrs. Wohl nicht ohne Grund erkoren denn auch die Ostfriesen Jahrhunderte später neben dem roten auch das blaue „Dresmer" Porzellan zu „ihrem" bevorzugten Teegeschirr. Von der Pflanze schwärmte Lu-Yü: „Die besten Blätter des Tees müssen gefaltet sein wie die ledernen Stiefel der tatarischen Reiter, sich kräuseln wie die Wamme eines mächtigen Büffels, leuchten wie ein vom Zephirhauch bewegter See, einen Duft entfalten wie die aufsteigenden Nebel aus einer einsamen Bergschlucht und saftig sein und weich wie die von feinem Regen erfrischte Erde . . ." Den Genießern riet er, „Tee zu trinken, wenn es leise regnet, wenn die Kinder in der Schule sind, im Bambushain am Frühlingsabend, bei Vollmond, mit netten Freunden und schönen Liebchen . . ."
Über tausend Jahre liegen zwischen dem Bestseller des Chinesen

Lu-Yü und dem berühmten „Buch vom Tee" des Japaners Kakuzo Okakura, das 1906 erschien und in die Sammlung jedes Kenners gehört. Okakura beschreibt, wie die Japaner den Teegenuß zu einer Religion des Ästhetizismus, zum Teeismus, erhoben. Der Kult sei gegründet auf die „Verehrung des Schönen inmitten der schmutzigen Tatsachen des Alltags". In der Tat haben die Lebenskünstler des Inselreiches das einst buddhistische Teeritual der Zen-Sekte in ein Zeremoniell verwandelt, das auch in seiner heute „weltlichen" Form auf Besucher seinen Eindruck nicht verfehlt.

Die komplette Zeremonie, die der Zen-Mönch Ri-ki-ju im 16. Jahrhundert ersann, dauerte einst vier Stunden. Er schuf den ersten Teeraum, schrieb seine Größe, Ausstattung, Bemalung und sogar den zulässigen Schmuck aus frisch gepflückten Blumen vor. Das Ritual des Priesters wird noch heute als gesellige Zusammenkunft gepflegt, wenn auch mit weniger Zeitaufwand. Okakura: „Für die Entwicklung des Teeismus ist die lange, der Selbstbesinnung so günstige Isolierung Japans von der übrigen Welt von großem Vorteil gewesen. Unser Haus und unsere Gebräuche, Kleidung und Küche, Porzellan, Lack, Malerei, ja selbst unsere Literatur — alles das ist seinem Einfluß unterworfen gewesen. Niemand, der die japanische Kultur studiert, könnte je sein Vorhandensein übersehen. Er hat die Eleganz vornehmer Boudoirs durchtränkt und ist in die Hütte der Armen eingedrungen... In unserer Alltagssprache reden wir vom Menschen ohne Tee in sich, wenn er für die Tragikomik des eigenen Erlebens unempfänglich ist. Dagegen lehnen wir auch wieder jeden unbeherrschten Ästheten ab, der, ohne Rücksicht auf die irdische Tragödie, sich von der Flut seiner entfesselten Gefühle fortreißen läßt, als einen, der zuviel Tee in sich hat..."

Nicht die Holländer, die 1610 zuerst den Tee aus Fernost importierten, sondern der venezianische Weltreisende Marco Polo hat drei Jahrhunderte zuvor das Getränk für Europa „entdeckt". In einem Reisebericht erwähnte der Dante-Zeitgenosse 1285 einen chinesischen Finanzminister, den der Mongolen-Khan Kublai wegen „willkürlicher Erhöhung" der damals schon bestehenden Teesteuer abgesetzt hatte. Deutlicher wurde der venezianische Gelehrte Giambattista Ramusio, der 1559 die Reiseabenteuer des aus China zurückgekehrten persischen Kaufmanns Haji Mayomet herausgab. In Europa wurden damit zum ersten Male Details über Anbau und Zubereitung von Tee, dem in erster Linie medizinische Eigenschaften zugeschrieben wurden, bekannt gemacht. Als 1585 drei japanische Gesandte zu Papst Gregor XIII. kamen, fielen sie auf, da sie mit offensichtlich größtem Wohlbehagen „warmes Wasser" tranken.

Der echte (grüne) Tee, den zuerst die Niederländer, dann vor allem die Engländer, aber auch die Preußen über ihren Seehafen Emden, nicht zuletzt die Portugiesen und arabische Händler in Westeuropa bekannt machten, fand durchweg Anklang, stieß aber auch vereinzelt auf massiven Widerstand. Seltsam ist, daß er — wie vor Jahrhunderten in China – vor seiner allgemeinen Verbreitung auch auf unserem Kontinent die Aufmerksamkeit vieler Ärzte erregte. Die Mediziner sahen in ihm ein Heilmittel. Sie waren davon überzeugt, daß Tee die Lebenskraft steigere, das Gedächtnis stärke, das Blut verdünne und bei schweren Krankheiten das Fieber senke. „Das ausgezeichnete chinesische Getränk, das von allen Ärzten anerkannt ist und das die Chinesen tscha, die anderen Nationen tay oder thé nennen, wird im Kaffeehaus zur Sultanin, nahe der Königlichen Botschaft, ausgeschenkt," lautete die erste Tee-Anzeige, die 1656 im „Mercurius politicus" in England erschien.

In den Taxen einiger Apotheken wurde die Ware als Stärkungsmittel ab 1657 in Deutschland erstmalig erwähnt, und zwar in Württemberg, Bayern, Sachsen und später auch in Preußen.

Apotheker verwendeten für Tee den arabischen Begriff „Herba schak". Sollte dies ein Indiz dafür sein, daß die „Medizin" in der Mitte des 17. Jahrhunderts nicht nur von den Niederländern, sondern auch aus arabischen Quellen nach Deutschland kam? 1667 machte Kornelius Bontekoe, der holländische Leibarzt des Großen Kurfürsten, als leidenschaftlicher Verfechter des nicht nur medizinischen, sondern auch allgemeinen Teegenusses von sich reden. In seiner Schrift „Zur Erhaltung der Gesundheit" propagierte er das tägliche Trinken von zehn bis fünfzig Tassen und bezeichnete den Verzehr von zwei- bis dreihundert Tassen als völlig unschädlich. Dadurch geriet er in den Verdacht, von der ostindischen Handelskompanie bestochen zu sein. In Wirklichkeit hat Bontekoe – obwohl er sich in manchen Dingen irrte und übertrieb – den Tee in Deutschland populär gemacht und ihn als einen Ersatz für die damals im Übermaß genossenen alkoholischen Getränke gepriesen. Der Leibarzt Friedrichs des Großen, Zimmermann, setzte später die Aufklärungskampagne seines niederländischen Kollegen fort. Er empfahl den Tee nicht nur auf Reisen, sondern auch als sicheres Vorbeugungsmittel gegen alle Entzündungen. Als ein „bewährtes Mittel zum gesunden Leben" tauchte der Tee 1686 auch in einem Berliner medizinischen Nachschlagewerk auf.

Zur gleichen Zeit jedoch gab es Ärzte und Schriftsteller, die den Tee und auch den erstmalig 1637 in einem niederländischen Hafen angelandeten Kaffee anfeindeten und verspotteten. Freunde des Alkohols, die sich um 1670 an den Teegenuß nicht gewöhnen konnten, sprachen geringschätzig vom „Heuwasser". Nicht anders urteilte die Kurfürstin Liselotte von der Pfalz, die in Briefen unverblümt über die verfeinerten Sitten am französischen Hof witzelte. Ihr kam der dort servierte Tee vor „wie Heu und Mist, mon dieu, wie kann sowas Bitteres und Stinkendes erfreuen". Eine Biersuppe oder eine Kohlsuppe mit Speck als Frühstücksgericht sei schon eher etwas für sie. In einem Essay über den Tee (1756) behauptete der Engländer Jonas Hanway, daß der Genuß des Getränks die Frauen um die Schönheit, die Männer aber um Gestalt und Haltung bringe.

Waren die falschen Vorstellungen die Folgen falscher Zubereitung?

Man muß es annehmen, wenn man liest, daß zum Beispiel 1686 die Witwe des britischen Herzogs von Monmouth ein Pfund Tee an schottische Freunde verteilte, ihnen aber keine Gebrauchsanweisung mitgab. Die ratlosen Empfänger, die Tee nur vom Hörensagen kannten, kochten die Blätter stundenlang, ließen den letzten Wassertropfen abfließen und brachten das grün-bräunliche Endprodukt aus dem Topf schließlich – als Gemüse auf den Tisch. Angewidert schoben sie die Teller beiseite, als sie von dem Erzeugnis kosteten. Sie wunderten sich nicht wenig über den miserablen Geschmack der Herzogin von Monmouth und der „High Society".

Erinnern wir uns an Heinrich Heine, der einst spottete, daß die Norderneyer einen Tee schlürften, der sich von gekochtem Seewasser nicht wesentlich unterscheide. Sollten auch sie den Tee, wie die Schotten, falsch zubereitet haben? Schon der China-Kaiser Hui-tsung hatte gewarnt: „Drei Dinge auf dieser Welt sind höchst bedauernswert: das Verderben bester Jugend durch falsche Erziehung, das Schänden bester Bilder durch gemeines Angaffen und die Verschwendung besten Tees durch unsachgemäße Behandlung."

England ist heute eine „Nation der Teetrinker", denn sprichwörtlich gleicht ein Engländer ohne Tee einem Ei ohne Dotter. Prinz Carl Anton Rohan schwärmte: „Eine der schönsten Eigenheiten des englischen Lebens ist das Wochenende auf dem Land. Während man noch tief schläft, wird eine Tasse Tee auf den Nachttisch gestellt, der ein köstliches Aroma verbreitet. Noch in Träume versponnen, beginnt man zu schnuppern. Vom Teeduft geweckt zu werden, ist ähnlich schön wie in einem Blumenhain zu erwachen." Ostfriesen, die heute einen duftenden Morgentee im Bett genießen, können das bekräftigen. Von Johanna Schopenhauer stammen die Worte: „Nichts Einladenderes gibt's auf der Welt als ein englisches Familienfrühstück. Es ist die angenehmste Stunde des Tages, und man verlängert sie gern. Auf dem Rost lodert die Flamme, das elegante Teegerät steht in zierlicher Ordnung auf dem schneeweiß gedeckten Tisch. Die Dame des Hauses bereitet den Tee, zwar viel umständlicher, aber auch viel besser als wir. Alles geschieht in feierlicher Ruhe, die Engländer gern ihren Mahlzeiten geben, denn sie mögen dabei keinen anderen Gedanken aufkommen lassen als den des Genusses..."

Ein weiser Engländer hat einmal gesagt, daß „der Weg zum Himmel an der Teekanne vorbeiführt". Davon war wohl auch der Krimi-Klassiker Edgar Wallace überzeugt. Er soll niemals ohne seine perfektionierte silberne Teemaschine und einen heimischen Wasservorrat gereist sein; er brachte keine Krimis zustande, ohne kannenweise Tee zu schlürfen. So hatte wohl auch Winston Churchill recht, der 1942 meinte, daß für Englands Soldaten Tee wichtiger sei als die Munition. Als sich die Briten während des zweiten Weltkrieges im Verbrauch von Genußmitteln einschränken mußten, wurde die Tee-Rationierung (wie in Ostfriesland) als drückend empfunden. „Endlich – zwölf Jahre der Sklaverei sind vorüber!" jubelte eine Tageszeitung,

47 Sahnelöffel. Silber um 1800

als 1952 auch in Großbritannien die begehrte Ware wieder frei zu haben war. Ein berühmt gewordener Satz, den der Engländer William Gladstone im 19. Jahrhundert formulierte, ist nach wie vor gültig: „Wenn dir kalt ist, wird Tee dich erwärmen — wenn du erhitzt bist, wird er dich abkühlen — wenn du bedrückt bist, wird er dich aufheitern — wenn du erregt bist, wird er dich beruhigen."
In Amerika, heute ein Land der Kaffeetrinker, machte der Tee Geschichte: Er war vor zwei Jahrhunderten die Initialzündung für die Separation der amerikanischen Kolonien vom englischen Mutterland und damit für die Entstehung der Vereinigten Staaten nach dem Unabhängigkeitskrieg. Es begann damit, daß das Parlament in London im Jahre 1773 der Ostindien-Gesellschaft das Recht und das Monopol einräumte, die Kolonien in der Neuen Welt unter Umgehung der amerikanischen Importeure direkt mit der auch in Amerika damals sehr begehrten Ware zu beliefern. Die Kolonisten, durchweg leidenschaftliche Patrioten, sahen darin einen diktatorischen Eingriff in ihre Freiheiten. Schon acht Jahre zuvor hatten sie sich geweigert, die von London festgesetzte Teesteuer von drei Pence pro Pfund zu akzeptieren und sich dafür lieber mit der aus holländischen Quellen herangeschafften, preiswerteren Schmuggelware versorgt. Als im Dezember 1773 drei Schiffe der Ostindien-Gesellschaft trotz des Boykotts durch die Kronkolonien im Schutz der Dunkelheit den Hafen von Boston anlaufen wollten, entlud sich der Unwille der Kolonisten: Neunzig als Indianer verkleidete Männer kletterten an Bord und warfen 342 Kisten mit China-Tee ins Meer. Ähnliche Vorfälle wiederholten sich kurz darauf in New York, Philadelphia und Annapolis. Die offene Rebellion — die „Boston Tea-Party" — zog Strafaktionen der britischen Regierung nach sich und endete schließlich im unvermeidlichen Krieg. Für Generationen von Amerikanern war der Tee seitdem das Symbol der Unterdrückung und der Unfreiheit. Weil das einstige Mutterland zudem nicht mehr als Lieferant auftrat, konnte der Konkurrent Kaffee in den USA weitgehend den Markt erobern.

Begeistert nahmen die Russen zu Beginn des 17. Jahrhunderts den Tee auf, der jedoch nicht auf dem See-, sondern auf dem Landweg in ihr Reich kam. Als der russische Gesandte Wassili Starkow mit 200 Paketen, die ein Mongolen-Khan dem Zaren schickte, in Moskau eintraf, zweifelte er noch, ob das vermeintliche „Gras" nicht den Zorn des Herrschers erregen werde. Doch Starkow irrte, denn im Kreml erkannte man rasch die belebende Wirkung des Getränks. Kamelkarawanen, die oft Monate unterwegs waren, transportierten von da an die aus grobem Blatt und Dust gepreßten, zwei bis sechs Pfund schweren Ziegeltee-Platten auf der „Teestraße" von Peking bis in das Herz Rußlands. Symbol der russischen Teekultur und Gegenstück zur ostfriesischen „Kraantjekanne" wurde der Samowar, in dem die Holzkohle glüht und das Wasser summt. Die Sitte, den heißen Trank mit Zucker oder Zitronenscheiben aus hohen, mit einem Metallfuß versehenen Gläsern zu genießen, stammt aus Rußland.

Die ersten „Tee-ologen" Europas, die Niederländer, sind heute überwiegend Kaffeetrinker. Gegenüber 1939 ist der Teeverbrauch um mehr als die Hälfte zurückgegangen. Schuld daran ist vor allem der zweite Weltkrieg, als das Genußmittel durch Teetabletten und Kräuter-Surrogate ersetzt werden mußte. Nach Kriegsende erreichte der Konsum nicht wieder die frühere Höhe.

Über die in Deutschland und den europäischen Nachbarländern im 18. und 19. Jahrhundert übliche Art, Tee zu bereiten, schreibt die Krünitzsche Encyclopädie (Berlin 1844) unter anderem: „Die Theebereitung in Europa besteht bloß in einem Aufgusse heißen Wassers auf Thee, indem man diese Infusion ein Paar Minuten lang ziehen läßt, so, daß das Wasser von dem Thee eine gelbbraune Farbe angenommen hat. Man rechnet auf 1 Quart Wasser $1/4$ Loth guten oder feinen Thee (Haysan, Tschy oder Pecko), wer ihn strenger liebt $3/8$ Loth auf 1 Quart Wasser. (1 Quart = 1,145 l, 1 Loth = $16\,2/3$ g, 1 gestrichener Teelöffel = $1\,1/2$ g). Bei vielen Familien bleibt der Thee zu einem zweiten Aufgusse in der Kanne stehen, man tut dann noch $1/8$ Loth frischen Thee dazu, auch $1/4$ Loth, wer ihn strenger oder stärker haben will. Man gießt auch wohl heißes Wasser zum zweiten Male auf die Theeblätter, nachdem der erste Aufguß verbraucht worden, und läßt es etwas länger darauf stehen, und man erhält noch einen guten Thee. Dieses muß aber sehr bald nach dem ersten Aufgusse geschehen, also an demselben Abende, nicht später, nach mehreren Tagen, weil dann ein Theezusatz nöthig ist. Eine zu große Dose Thee benimmt ihm im Aufgusse das Angenehme und Liebliche, wie ihn z. B. die Engländer bereiten, die eine so große Dose Thee in heißes Wasser werfen und ziehen lassen, daß der Thee eine ganz braune Farbe erhält, und erst durch eine große Dose Zucker etwas versüßt werden kann, so sehr schmeckt das Herbe, Adstringirende hervor... Da man sich beim Thee der Theekannen bedient, so hat man bei diesen bei der Verfertigung eine Art Sieb vor der Ausgußhöhle angebracht, so, daß nichts von den Theeblättern in die Tasse beim Eingießen

48   Jan Josef Horemans d. J.   Der Frühling

desselben kommen kann, sondern in der Theekanne zurückbleiben muß. Wo man keine solche Kanne hat, da muß der Thee, wie der Kaffee, filtrirt werden, welches durch Löschpapier, oder durch Leinwand, Parchent etc. geschehen kann, damit die Blätter etc. darin zurückbleiben. Den Thee trinkt man nun ohne, auch mit Milch (Letzteres am meisten) und mit Zucker..."

Die betont starken Aufgüsse vieler europäischer Teeliebhaber haben dazu geführt, das Getränk zu versüßen und sein Aroma mit Sahne (wie die Ostfriesen) oder Milch (wie die Engländer) auszugleichen, es aber auch durch Alkohol oder Gewürze zu „verstärken". Noch um die Jahrhundertwende war es in Westeuropa üblich, das Getränk durch Zusatz von derbem Zimt oder rassiger Nelke zu aromatisieren. Beliebt war und ist heute wieder zarte Vanille. Kenner wissen, daß gerade Vanille mit Tee eine besonders harmonische Verbindung eingeht und einen eigenartig festlichen Duft verbreitet. Nicht ohne Grund tranken viele Ostfriesen früher sonntags Vanilletee. Das Gewürz wurde als duftende Beigabe in die Teebüchse gelegt. Vanilletee erscheint seit kurzem wieder in den Angeboten ostfriesischer Teefirmen und bundesdeutscher Versandhäuser. Hinzu kommen zahlreiche mit Ölen, Gewürzen und Blüten aromatisierte Teesorten, eine Sitte, die vor allem in China immer gepflegt wurde.

Vor allem aus dem 18. Jahrhundert sind Darstellungen überliefert, die auch bildlich die Entwicklung der Teekultur belegen. Der fein gedeckte Teetisch war ein beliebter Hintergrund für Porträts vornehmer Familien. Aus dem 17. Jahrhundert liegen ähnliche Szenen von Teegesellschaften nicht so zahlreich vor. Dafür sind die wenigen Beispiele um so reizvoller — so etwa ein Kunstwerk der niederländischen Genremalerei, das von Franz van Mieris d. Ä. (1635—81) stammt und im Pariser Louvre hängt: Zwei wohlproportionierte, festlich gekleidete Damen genießen das exotische Getränk. Während die eine aus einem kleinen, bauchigen Kännchen in die henkellosen Täßchen einschenkt, beugt sich die andere zur Seite und hält ein halb leer getrunkenes „Koppke" prüfend zum Licht. Auffallend sind auf dem runden Tisch die hochwandigen Untertassen und die Spülschale. Löffel sind nicht zu erkennen.

Auf einem Gemälde im Oldenburger Landesmuseum von Jan Josef Horemans d. J. (1714 — nach 1790) sitzen in einer Gartenecke mehrere Personen um einen runden Tisch. Der Hausherr hat sich erhoben und gießt aus einer hohen Kanne ein Getränk in henkellose Tassen, die auf hochbordigen Untertassen stehen. Eine Frau im Hintergrund der malerischen Szene hat sich den Inhalt ihres „Koppke" in die Unterschale gegossen, die sie zum Munde führt.

Im Besitz der Hamburger Kunsthalle befindet sich ein Ölgemälde von Jacob Denner (1720—1750), das die Familie des Künstlers am Teetisch zeigt. Auf dem gegen 1750 entstandenen Werk sind eine einhenkelige Kränchenkanne, henkellose Tassen, eine Spülkumme, einige auf dem Tisch liegende Löffel und ein Schälchen mit Kandisstücken die wichtigsten Utensilien des bürgerlichen Teezeremoniells.

Der ostfriesische Brauch, die Tasse umzustülpen, den Löffel quer über oder in das Gefäß zu legen, wenn man keinen Tee mehr wünscht, gehörte im 18. Jahrhundert in England, aber auch in der Türkei und Afghanistan zum guten Ton. Einwanderer vom Kontinent, vielleicht Engländer oder Friesen, führten die Anstandsregel selbst in Amerika ein. Ein Franzose, der 1782 für kurze Zeit in Philadelphia weilte, berichtete nach seiner Rückkehr: „Ich würde Tee wohl noch immer trinken, wenn mich nicht der französische Botschafter bei meiner zwölften Tasse darauf aufmerksam gemacht hätte, daß ich meinen Löffel quer darüber legen müsse." In einem Reisebericht über die Gepflogenheiten in der Neuen Welt wird ein Ausländer erwähnt, der das ständige Nachschenken von Tee am Ende nur dadurch verhindern konnte, daß er seine Tasse kurzerhand in die Tasche steckte. Auch in Ostfriesland liefern ähnliche Begebenheiten immer wieder neuen Stoff für Schmunzelgeschichten.

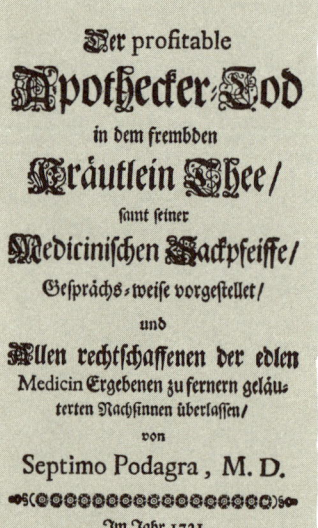

Tee ist Medizin

Der Norderneyer Badearzt Bluhm berichtete um die Mitte des 19. Jahrhunderts, daß bei den Insulanerfrauen sehr häufig Magenkrebs vorkomme und die Ursache ihres Todes sei. Dazu bemerkte der Oldenburger Schriftsteller Theodor von Kobbe im Jahre 1841: „Als Grund dieser sonst so seltenen Krankheit gibt Bluhm mit Recht die Lebensart der Frauen an, insofern durch den vielen Genuß der getrockneten und gesalzenen Fische ein stets gereizter Zustand im Magen unterhalten und der hiermit verbundene große Durst durch Trinken starken Thees, dessen reizende Eigenschaft man weder durch Zucker noch durch Milch zu mildern sucht, gelöscht wird. Schon frühzeitig kündigt sich die allmälich entwickelnde chronische Entzündung durch Magenkrämpfe, Magenschmerzen u. s. w. an, bis dieselbe endlich die krebshafte Desorganisation nach sich zieht."
Max von Eelking, Verfasser des 1853 in Oldenburg erschienenen Buches „Die Insel und das Seebad Wangeroge", verbreitete ähnlich

49 Krafft, Eigenschafft und Würckung des Edlen Thees

schlimme Mär: „Die Frauen habe ich wohlgebildet und kräftig gefunden, aber keine besonderen Schönheiten unter ihnen angetroffen. Mit vieler und schwerer Arbeit scheinen sie sich nicht gerne zu befassen und obgleich ich in den Wohnungen alles nett und säuberlich fand, so habe ich doch im ganzen Hauswesen einen gewissen Schlendrian bemerkt. Desto fleißiger sprechen sie aber der Thee- und Kaffeekanne zu, weshalb auch von frühmorgens bis spätabends das kochende Wasser in dem über dem Herd hängenden Kessel brodelt. Infolge dieser schlotterigen Getränke leiden die älteren Weiber meist an verdorbenen Mägen und häufig am Magenkrampf."

Man muß zu den Bemerkungen der beiden Autoren feststellen, daß Fisch in früheren Zeiten Hauptbestandteil der Insulaner-Kost war; sogar zum Tee am Sonntagnachmittag setzte man dem Gast zuweilen getrockneten Fisch vor. Unverkennbar ist jedoch, daß die Autoren nicht gerade zu den „Teefreunden" zählten. Sie sahen in dem nach Landessitte schon damals stark aufgebrühten Extrakt ein geradezu lebensbedrohendes „Gift" und prangerten das Teetrinken an der ostfriesisch-oldenburgischen Waterkant als üble Sitte an.

Differenzierter urteilte wenige Jahrzehnte zuvor der 1759 im ostfriesischen Rhaude geborene und 1813 in Halle gestorbene Professor der Medizin und Doktor der Philosophie Johann Christian Reil. Nachdem er in Norden eine ärztliche Praxis eröffnet hatte, veröffentlichte Reil 1785 in Aurich unter dem Titel „Diaetetischer Hausarzt für meine Landsleute" sein erstes volkstümliches Werk. Im Kapitel „Speise und Trank" geißelte er zwar gleichfalls den übermäßigen Teegenuß, übersah jedoch nicht die positiven Wirkungen, die er vor allem auf das warme Wasser zurückführte:

„Der Thee hat seine meisten Würkungen vom warmen Wasser, und wenige Kraft von den Blättern, die im Verhältniß mit der Menge des Wassers äußerst schwach ist. Die Thee-Blätter beleben die Nerven und machen munter, besänftigen die Krämpfe, und haben eine gewürzhafte, gelind zusammenziehende und Magen stärkende Kraft. Frisch, betäuben sie; und sind nicht eher sicher zu gebrauchen, als bis sie ein Jahr alt geworden. Doch behalten sie etwas von dieser Würkung bey, schwächen die Nerven und alle Seelen-Kräfte, machen Schwindel, Glieder-Zittern, männliches Unvermögen, Lämungen des ganzen Körpers und einzelner Teile, wenn sie stark getrunken werden. Personen, die oft und immer starken Thee tranken, sind an Lämung des Schlundes und Magens gestorben. Die Würkungen, die er vom warmen Wasser hat, sind: daß er anfeuchtet, erweicht und schlaff macht, Spannungen und Krämpfe hebt, das Blut verdünnt, die verdikten Säfte auflöset, die Säure des Magens dämpft, die Schärfen des Bluts ausfürt, den Leib offen hält, die Ausdünstung und den Urin befördert, und die Stein-Materien aus den Nieren und der Blase auswäscht. Daher ist er bey Entzündungen, Kopfschmerzen, Gicht, Flüssen, und andern Krankheiten, die von verdikten Säften, Schärfen und gehinderter Ausdünstung entstehen, bey Ungewonten als Arznei mit Nuzzen zu gebrauchen."

Auch Reil ging hart mit den ostfriesischen Frauen ins Gericht: „Unsere Weiber, die dem Thee-Soff am meisten ergeben sind, leiden an allen diesen Krankheiten. Alle ihre Organe sind erschlaft, alle ihre Säfte rozzicht und stinkend, wie eine faulende Pfüzze. Sie sind stets beklommen, ohnmächtig, ohne Appetit und Verdauung, ohne Geist, ohne Leben, kalt und blaß wie die todten Leichname, und rölpsen in Gesellschaften mehr, als sie darin sprechen. Verheyratete und Unverheyratete, und Mädchen, ehe sie noch ihre Zeiten haben, leiden am weissen Fluß. Hauffenweise kommen Unfruchtbarkeit, Mißgebären, Vorfälle der Mutter, Brüche, Wasser- und Schwindsuchten, und andere Krankheiten mehr bey ihnen aus der Thee-Kanne, wie aus der Büchse der Pandora, hervor. Vorzüglich nachteilig ist der Thee Personen, die eine zarte Organisation haben, an schwacher Verdauung und Nervenschwäche leiden, und kalte und feuchte Oerter bewonen. Wer ihn trinken will, muß es mässig thun, und ein Glaß Wein dabey trinken."

Und über die Teezeiten meinte der bekannte Arzt: „Der grobe Ostfriesiasmus, vor der Malzeit Thee zu trinken, heist dem Soldaten das Gewer zerbrekken und ihn dann in den Krieg schikken."
Die aus heutiger Sicht zweifellos übertriebenen Befürchtungen einiger Mediziner haben der Wirklichkeit nicht standhalten und den in Jahrhunderten erprobten Umgang der ostfriesischen Normalverbraucher mit ihrem Nationalgetränk nicht beeinträchtigen können. Die Ostfriesen haben stets zwischen Teegenuß und ihrem persönlichen Wohlbefinden einen positiven Zusammenhang gesehen. Nicht anders urteilte am Ende des 18. Jahrhunderts die Obrigkeit.
Erinnern wir uns an einen Hinweis, den die ostfriesischen Stände auf dem Höhepunkt des „Teekrieges" (1779) in einem Brief an die preußischen Beamten der Nachwelt hinterließen: „Die Erfahrung lehrt ..., daß der Thee den Geist ermuntere und stärke, insbesondere kranke oder mit schädlicher Leibesconstitution behaftete Personen zur Nahrung diene." Gebrechen, die man mit dem neuen „Gesundmacher" zu kurieren glaubte, gab es zur Genüge: Gicht, Asthma, Paratyphus, Tuberkulose und die Malaria, deren Erreger in den stehenden Gewässern und Gräben der Marschlandschaft ihre Brutstätten fanden. Eine Greisin in Norden, die kurz vor dem ersten Weltkrieg starb, hielt sich mehrmals am Tage die leergetrunkene Teetasse vor das Gesicht und ließ die langsam entweichende Wärme auf die stets entzündeten Augen einwirken.
Selbstverständlich sind die Ostfriesen heute weit davon entfernt, das Genußmittel ernsthaft als rasch wirkendes Allheilrezept gegen Beschwernisse jeglicher Art zu betrachten. Doch als Energiespender, wohltuende Labsal und „Medizin" im weitesten Sinne verstehen sie ihre Sondermischung schon. Für sie ist es kein Zufall, daß in ihrem Lande so viele Menschen seit Generationen ein hohes Alter erreichen. Ein Wunderglaube? Kaum, denn die moderne Wissenschaft liefert ihnen die besten Beweise für die These, daß Teetrinker gesund leben.

Tee ist ein narkotisches Genußmittel. Geheimnisvoll wie das Getränk sind die Wirkstoffe, die seinen Genuß begleiten. 1827 wurde die anregende Wirkung erstmalig mit dem Gehalt an Tein begründet. Tein ist ein Alkaloid wie Koffein. Der Tee enthält mehr Tein als der Kaffee Koffein. Dennoch putscht er – im Gegensatz zum Kaffee – nicht auf. Beim Kaffee sorgen die Röststoffe dafür, daß das Koffein sofort fast vollständig, gleichsam schockartig, vom Körper aufgenommen wird. Es wirkt über das Herz auf den Kreislauf. Beim Tee dagegen spricht das Tein das Herz überhaupt nicht an, sondern wirkt direkt, aber langsam und somit schonender auf Gehirn und Zentralnervensystem. Es steigert allmählich und anhaltend die Konzentrations- und Reaktionsfähigkeit. In wissenschaftlichen Versuchen hat man exakt nachgewiesen: Testpersonen, die zwei oder mehrere Tassen Tee getrunken hatten, verbesserten ihre geistige Leistung bei Reihenadditionen um bis zu 25 Prozent. Ihre Konzentration begann nach zehn Minuten spürbar zu steigen und erreichte nach vierzig Minuten den Höhepunkt.
Anders als das Tein verhält sich der zweite wichtige Bestandteil des Rohstoffs: das Tannin (Gerbstoff). Es bremst und steuert die belebende Wirkung des Teins, so daß der Körper das Alkaloid nur nach und nach aufnimmt. Dem Tannin verdankt das Getränk auch den Ruf als wohltuendes Linderungsmittel bei Magen- und Darmerkrankungen. Es beruhigt die Magenschleimhäute. Der Badearzt Bluhm irrte, als er 1841 die Erkrankungen der Verdauungsorgane auf den Teegenuß der Insulanerinnen zurückführte.
Außer den beiden Hauptbestandteilen haben die Forscher im Tee Spurenelemente festgestellt, die für den menschlichen Organismus wichtig sind. Nehmen wir zum Beispiel die Aromastoffe, die in den ätherischen Ölen gebunden sind und durch das heiße Wasser während der Teebereitung frei werden. Manche Wissenschaftler sind davon überzeugt, daß die belebende Wirkung der ätherischen Öle wichtiger ist als die des Teins. Aus der Vitamin-B-Gruppe enthält der „Zaubertrank" Tee das wasserlösliche B 1 oder „Aneurin". Man kannte es bisher als „Wachstumsvitamin" und wußte, daß es die Beri-Beri-Krankheit verhütet. Forschungsergebnisse haben gezeigt, daß es für den geistig arbeitenden und dem Streß ausgesetzten Menschen auf die Dauer unentbehrlich ist – denn: Es macht ihn unempfindlich gegen Hetze und Lärm.
Die Wissenschaft unserer Tage bestätigt die Weisheit der chinesischen Klassiker, die schon vor Jahrhunderten behauptet haben: „Wer Tee trinkt, vergißt Lärm und Hetze des Alltags!" – „Abwarten und Tee trinken" ist nicht ohne Grund die sprichwörtlich deutsche Devise dieser uralten Erkenntnis. Gibt es eine enge Beziehung zwischen dem Anti-Streß-Vitamin B 1 und jener in vielen Situationen geradezu stoischen Ruhe der teetrinkenden Ostasiaten, Russen, Engländer und Ostfriesen? Der unübersehbare Zusammenhang kann kein Zufall sein.
Tee enthält Chlorophyll, Fluor und Mineralstoffe, aber keine

Kalorien. Noch nicht bis ins letzte erforscht ist dagegen das geheimnisvolle Zusammenspiel aller belebenden und ausgleichenden Wirkstoffe, die sich im Tee gegenseitig mildern, steigern, ergänzen und das Getränk anregend und bekömmlich zugleich machen.

Es lohnt sich, noch einmal über die Teezubereitung zu sprechen – aus medizinischer Sicht. Der Einwand „Ich kann nach Tee nicht schlafen" beweist, daß manche Menschen gegenüber Tein und seiner anregenden Wirkung empfindlich sind. Sie beklagen sich zwar nicht über Herzklopfen, sondern eher darüber, daß sie nach dem Teegenuß „hellwach" bleiben. Die Wirkungsweise des Teins wird damit bestätigt. „Tee wirkt bei mir verstopfend" ist ein anderes, oft gehörtes Argument. Der Grund: Das Tannin wirkt so beruhigend auf die Magen- und Darmschleimhäute, daß es in Einzelfällen zu Verstopfungserscheinungen führen kann. Das Deutsche Teebüro hat in einer Informationsschrift empfehlenswerte Ratschläge gegeben:

„Man sollte wissen, daß man beim Aufgießen des Tees seinen Tein- bzw. Gerbsäureanteil je nach Bedarf selbst steuern kann. Der Tee hat nämlich die Eigenschaft, daß er nach dem Aufgießen in den ersten zwei Minuten des Ziehenlassens fast seinen gesamten Anteil Tein abgibt. Erst in den nächsten Minuten wird dann die Gerbsäure mehr und mehr aus den Blättern herausgezogen. Wenn wir empfehlen, den Ganzblatt-Tee fünf Minuten und den Broken-Tee vier Minuten ziehen zu lassen, dann aus dem Grunde, weil der Tee so geschmacklich am besten ist. Er hat von der herbe schmeckenden Gerbsäure gerade so viel, daß geschmacklich das Optimum erreicht ist. Wünschen wir nun einen mehr teinhaltigen Tee (weil wir zur Arbeit oder zum Autofahren eine Anregung brauchen) oder wollen wir wegen der stopfenden Wirkung weniger Gerbsäure im Tee haben, so müssen wir etwas mehr Tee nehmen als nur einen Löffel (pro Person). Dafür lassen wir den Tee nicht so lange ziehen – nur etwa zwei bis drei Minuten. Auf diese Weise enthält der Tee viel Tein und wenig Gerbsäure. Und umgekehrt: Wünschen wir einen Tee mit wenig Tein-Gehalt und viel beruhigender Gerbsäure (weil wir ihn als abendliches Getränk brauchen oder gegenüber Tein besonders empfindlich sind), dann ist es ratsam, weniger Tee zu nehmen und diesen dafür länger ziehen zu lassen, damit er mehr Gerbsäure enthält. Sollte uns der Tee dann geschmacklich zu herbe werden, müßten wir ihn mit Kandis und Sahne (wie die Ostfriesen) oder mit Milch (wie die Engländer) trinken."

Auf eine einprägsame Formel gebracht heißt das: Viel Tee kurz ziehen lassen, verstärkt die belebende – wenig Tee länger ziehen lassen, verstärkt die beruhigende Wirkung. Für Ostfriesen mögen solche Tips jenen Eulen gleichen, die man nach Athen trägt. Sie kennen sich in den Geheimnissen des Tees, seiner Zubereitung und seiner Wirksamkeit aus. Sie wissen, daß man ihn – gut und richtig dosiert – literweise trinken kann. Die Grenze der Unbedenklichkeit – so die Wissenschaft – liegt bei rund 35 Tassen pro Tag. Professor Dr. Franz Fischer, München: „Eine nachweislich 120 Jahre alt gewordene

Engländerin nahm die letzten 45 Jahre ihres Lebens täglich bis zu 40 Tassen Schwarztee zu sich, der anscheinend die Stoffe ersetzte, die ihr Körper nicht mehr selbst herstellte."

Manche ostfriesische Hausfrau schwört auch heute noch darauf, daß Tee nicht nur den Menschen gesund und bei Kraft hält, sondern auch Pflanzen wohltut: Sie schüttet deshalb flüssige Überreste aus der Kanne und abgebrühte Blätter nicht in den Ausguß, sondern düngt damit regelmäßig Topfblumen und Gartengewächse.

Ostfriesische „Tee-ologie"

Geschichte, Kultur und Zeremoniell des Teetrinkens in Ostfriesland und einigen oldenburgisch-emsländischen Nachbarbereichen sind eine ebenso eigene wie eigenwillige Variation der „Tee-ologie", die vor Jahrtausenden in Ostasien begann und später in vielen Ländern und Regionen der Welt weiterentwickelt, nachgeahmt oder abgewandelt wurde. Es wäre falsch und ehrenrührig, im Umgang der Ostfriesen mit dem Tee einen Abklatsch, eine Imitation fremder Bräuche zu sehen. Tee und Ostfriesland, Ostfriesland und Tee sind Begriffe, die zueinander gehören und aus vielen Gründen identisch sind. Sie sind geprägt durch den hohen Bekanntheitsgrad der kräftigen echten „Ostfriesischen Mischung" und geformt durch ein überliefertes, in seinen Grundzügen noch heute unverfälschtes Brauchtum. Der Tee hat in Ostfriesland eine Heimat gefunden — quer durch alle Bevölkerungskreise, Gesellschaftsgruppen und Sozialschichten, am Alltag und am Sonntag, wann und wo auch immer. Die Wirtschaft und der Handel, das Kunsthandwerk und die Sprache haben daran mitgewirkt.
Selbstverständlich spiegeln sich in der ostfriesischen Variante der internationalen Teekultur Gewohnheiten und Anschauungen anderer „Teevölker". Verwandte, zum Teil täuschend ähnliche Züge, Parallelen und Einflüsse sind erkennbar. Freilich haben auch viele Friesen landesübliche Teebräuche außerhalb ihrer Heimatgrenzen bekanntgemacht oder eingeführt. Ein treffendes Beispiel ist die Geschichte eines Städtchens im amerikanischen Süd-Dakota, in dem ausgewanderte Ostfriesen durch einen ungewöhnlich hohen Teeverbrauch von sich reden machten. Der Ort erhielt den Namen „Tea".
In Europa und Asien entwickeltes Zubehör, der englische „Morgentee" und bestimmte, in anderen Ländern übliche „Anstandsregeln" bürgerten sich auch in Ostfriesland ein, dem eigenen Geschmack und den eigenen Wünschen jedoch angepaßt. Selbst japanische Lebenskunst und chinesische Weisheit glaubt man im „Teeismus" der nordwesteuropäischen Küsten- und Inselbewohner zu entdecken — bei den Engländern, Niederländern und Ostfriesen. Die im Fernen Osten schon sehr früh verbreitete Kenntnis vom Tee als Genuß und „Medizin" im weitesten Sinne hat seit über 300 Jahren auch hier ihre überzeugten Fürsprecher, unter Einheimischen und Neubürgern gleichermaßen. Tee gleich Leben, Leben gleich Tee. Wir erinnern uns: In den Weltkriegen und den Jahren danach gipfelte dieser Gleichsatz in dem Klagelied betagter Ostfriesen: „Wenn wi keen Tee hebben, mutten wi starben!"
Die alte Sitte asiatischer Völker, abgekochtes Trinkwasser und Pflanzenblätter als Aufguß zu genießen, brachte im 17. Jahrhundert

zunächst die wohlhabenden, rasch aber auch die wirtschaftlich schwächeren Bevölkerungsschichten in Ostfriesland auf den Gedanken, die in ihrer Küsten- und Moorlandschaft ungewöhnlich schlechte Wasserqualität durch den Zusatz möglichst kräftiger Tees zu verbessern. Das belebende, ergiebige Warmgetränk machte zudem das rauhe, feuchte Klima erträglicher und steigerte — im Gegensatz zum schweren Bier — die Schaffensfreude. In der geographischen Abgeschiedenheit der „Halbinsel" Ostfriesland konnte sich eine eigenständige Teekultur ideal entfalten.

Tee, Teetrinken und das daraus hervorgegangene Teezeremoniell haben in einem starken Maße das tägliche Leben des Ostfriesen und seine Umgebung geprägt; eine seltene, wenn nicht einmalige Situation. Man muß berücksichtigen, daß Tee nicht ein einheimisches, sondern ein importiertes Erzeugnis ist. Vergleichbares läßt sich kaum in anderen deutschen Regionen nachweisen. „Die Sachsen, vornehmlich die Ostfriesen, hatten von jeher mehr Kultur als die südlicheren Deutschen" (Friedrich von Müller in den von ihm aufgezeichneten Unterhaltungen mit Goethe).

Die Leidenschaft für den Tee, der hohe Verbrauch, das Festhalten am überlieferten Ritual oder die sprichwörtliche Gastlichkeit — das alles sind Eigenschaften und Symptome, die über äußere Gründe und Einflüsse hinweg ihren tieferen Kern wohl auch letztlich im Charakter, im Temperament und im Wesen des Ostfriesen haben. Bei allem Vorbehalt gegenüber Klischees und Pauschalurteilen kann man sagen: Die Erfahrung, daß der typische Ostfriese dem Ungewöhnlichen und Fremdartigen mit einer angeborenen Distanz begegnet, und die Beobachtung, daß er nach überwundenem Mißtrauen eine Sache auch wirklich zu s e i n e r Sache macht und daran über alle Zeiten hinweg beharrlich und beständig festhält, läßt sich auf die Tradition des Teetrinkens übertragen.

Das exotische Getränk muß sehr schnell das Mißtrauen besiegt haben. Seine weite Verbreitung in Ostfriesland ist sonst nicht denkbar. Die ebenso belebende wie beruhigende und ausgleichende Wirkung des Tees entspricht dem Verhalten der alteingesessenen Bewohner in Marsch, Moor, Geest und auf den Inseln. Der Ostfriese wirkt durchweg kühl, sachlich, zurückhaltend. Schwankungen im Temperament und aufwallende Gefühlsausbrüche sind ihm eigentlich fremd.

Ein auffallender Wesenszug des Ostfriesen, die Gastfreundschaft, hat sich in der Teekultur vor allem auf dem Lande voll entfalten können. „'n lecker Koppke Tee" begleitet das Gespräch mit dem Besucher und ist eine zwischenmenschliche Brücke.

Jene Engländerin, die 120 Jahre alt wurde und zeitlebens Tee schlürfte, steht als Prototyp nicht allein. Auch die Ostfriesen haben ihr Tee-„Denkmal" in der legendären Figur der „Jantjemö", die ein biblisches Alter von 104 Jahren erreichte. Jantjemö lebte in einer Moorhütte bei Voßbarg im Kreis Aurich und starb vor dem ersten Weltkrieg. Kurz vor ihrem Tode — so ein Chronist — schlug die „Geburtsstunde

50 *Jantjemö. Farbige Postkarte   um 1900*

ihres späten Glücks, ihrer Berühmtheit". Sie ließ sich vor ihrem Hause im „Sonntagsgewand" für eine farbige Postkarte fotografieren, die ein Bestseller wurde. Die Greisin, die nie ernsthaft krank war, schwor auf Tee. Der Kessel über dem offenen Herdfeuer dampfte von morgens bis abends, und ihr „Treckpott" wurde nie kalt. Jantjemö galt als Verkörperung von Ostfriesenart und Teegenuß schlechthin. In den dreißiger Jahren nutzte eine einheimische Teefirma ihre Popularität und ihr Bildnis zu einem originellen Werbespruch, dem nichts hinzuzufügen ist:

>Willst du hundert Jahre werden,
>frei von Krankheit und Beschwerden,
>reich beglückt ins Grab dann sinken,
>darfst — wie sie — nur Tee du trinken!

Bilderläuterungen und -nachweis

1   Teekarte mit 2 unbenutzten Abschnitten. 1949

2   Amtliche Bekanntmachung: Für die Sonderzuteilung von Tee. 15. Oktober 1940

3   Teesieb: Messing vernickelt, schwenkbar mit Untersatz, ca. 1930. H. 5 cm

4   Teesieb: Silber, geprägt, gebohrter Stern im Durchlauf, getriebener Griff mit aufgelötetem Muscheldekor, um 1850. L. 16 cm

5   Die erste nach dem Zweiten Weltkrieg über Hamburg importierte Teesendung vor dem Stammhaus der Firma J. Bünting & Comp., Leer, im Jahre 1949

6   Anzeige mehrerer Teefirmen über eine Zoll- und Preissenkung. (Ems - und - Leda - Zeitung v. 2. 3. 1906)

7   Löffelkörbchen mit Klauenfüßen: Zinn, in der Mitte Blütengravur (mit 3 silbernen Teelöffeln), ca. 1800. Ø 11,5 cm

8   Stövchen: Grauer Ton unglasiert, mit Kerbschnittornamenten und Formstempeln verziert, Ostfriesland um 1800. H. 10 cm

9   Stövchen mit Teste: Rot-brauner Ziegelton, glasiert, Ammerland, ca. 1925. H. 10 cm

10 Kanne: Zinn. Griff mit Peddigrohr umwickelt. Meister: Rabenberg, Detern (Mitte 19. Jhdt.). H. 13,5 cm

11 Drei Porzellan-Teedosen:
    a Strohblumen — auch „Zwiebelmuster" genannt, sog. „Dresmer Blau". Wallendorf, ca. 1800
    b Füllhorn-Dekor, braun-grün-rot. Wallendorf, vor 1840
    c Häuser-Dekor, rot. Wallendorf, vor 1840.
    H. je 12 cm

12 Teedose eines Kaufmanns. Eisenblech, schwarz lackiert, ca. 1900. H. 38 cm, Ø 24 cm

13 Zwei Sahnelöffel:
    a oben: Silberfiligran. Meister: Siefke Dirks, Emden (* 1810), ca. 1850
    b unten: Silber. Griffmotiv: Spielendes Kind. 18. Jhdt.
    L. je 10,5 cm

14 „Der König von Preußen" von Emden. Ostindienfahrer der Preußisch-Asiatischen Handelskompanie. Tuschzeichnung 1752

15   Geschirr: „Ostfriesische Rose", sog. „Dresmer Rot". Porzellan, Wallendorf (1780-1910, hier vor 1840). Stövchen (Messing). Rundes Teesieb im Kannenausguß, Kluntjezange, Sahnelöffel (Silber)

16   Teedose: Messing und Blei, Glas mit hinterklebten, ausgeschnittenen, kolorierten Kupferstichillustrationen. Kastenform auf 4 Kugelfüßen und geschweifter Schulter mit überfangendem Deckel. Ostfriesland, um 1760. H. 16 cm

17   Kanne: Silber. Meister unbekannt. Emden (1724). H. mit Deckel 7 cm, Ø 8 cm

18   Wasser-(Tee-)kessel: Messing, oval, Holzbügelgriff, ca. 1820. H. einschl. Griff 26 cm

19   Teeschaufel: Zinn, ca. 1820. L. 7 cm

20   Tablett mit Teedose und Stövchen: Messing. Meister: Ihno R. Meyer, Pewsum, ca. 1930

21   Gebäck- u. Kluntjezange: Silberfiligran m. Muscheldekor. 2. H. 19. Jhdt. L. 16 cm

22   Geschirr: Strohblumen- bzw. „Zwiebelmuster", sog. „Dresmer Blau". Porzellan, Wallendorf (1820-1910), mit einer henkellosen Tasse, Teedose und achteckiger Gebäckschale. Stövchen (Messing). Sahnelöffel (Zinn)

23   Geschirr: „Füllhorn-Dekor" (braun, grün, rot). Porzellan, Wallendorf (1800-1840), mit Spülschale („Spölkumke"). Stövchen (Messing). Sieb (Silber) im Kannenausguß

24   Geschirr: „Rose und Vergißmeinnicht". Porzellan, Tettau (vor 1780). Teesieb Körbchenform (Silber) im Kannenausguß. Sahnelöffel (Silber/Filigranornament im Griff)

25   Drei silberne Teelöffel:
     a 12 Lot. Griffgravur sog. „Ostfriesenmuster". Meister: Vierfuß, Leer. Mitte 19. Jhdt. L. 14,5 cm
     b Filigran. Meister: Höricht, Leer. L. 10,5 cm
     c Meister: Vierfuß, Leer. Mitte 19. Jhdt. L. 12 cm

26   Kraantjekanne: Silber. Meister: Johann Georg Walther I, Norden 1741. H. 40 cm

27   von Halem, Oldenburg: Auricher Teegesellschaft. Unterschrift: „Je m'ennuye, — tu t'ennuyes, — . . . („Ich langweile mich — du langweilst dich — er langweilt sich — wir langweilen uns — ihr langweilt uns — sie langweilen sich"). Tuschzeichnung auf Papier. 1815. 29,5 x 43 cm

28   Puppenherd u. a. mit Teekanne, ca. 1850. H. einschl. Schornstein 36, B. 34, T. 25 cm

29 Comfoirs, „Teekomfortjes": Gußeisen. Aus einem Katalog der Firma Boekhoff & Co., Leer, ca. 1880. H. ca. 8-10 cm

30 Stövchen mit Teste, Stövchen mit Deckel: Ton, um 1900. Federzeichnungen von Ernst Petrich, ca. 1950

31 Puppentasse mit Löffel: Silber. 19. Jhdt. H. 6 mm (Zum Vergleich daneben ein Pfennig)

32 Puppengeschirr
    a Kanne: Zinn. 1. H. 19. Jhdt. H. m. Deckel 8,5 cm
    b Tasse: Zinn. Meister: Johann Meinjohanns, Papenburg. 2. H. 19. Jhdt. H. 3,6 cm

33 Kluntjezange: Silberfiligran. Ende 19. Jhdt. L. 12,5 cm

34 a Kraantjekanne mit 3 Kränen: Messing, ca. 1750. H. 55 cm
    b Ostfriesischer Samowar: Kupfer, ca. 1810. H. 52 cm
    c Kraantjekanne: Zinn. Meister: J. B. C. Ronstadt, Leer (1812-1860), mit Komfortje: Messing. H. insgesamt 41 cm

35 Kluntjeknieper: Eisen, 19. Jhdt. (die Feder fehlt). L. 17 cm

36 Stövchen mit Teste: Löwenkopf-Motiv. Porzellan mit Gold abgesetzt, Königliche Porzellan-Manufaktur, Berlin, ca. 1860. H. 11 cm

37 Teeschaufel: Silber, Filigranornament im Griff, ca. 1900. L. 8 cm

38 „In de Hörn bi't Füür". Postkarte, ca. 1900

39 Ostfriesen nach Feierabend bei einer Tasse Tee. Farbige Postkarte, ca. 1900

40 Gestraeuche, wovon der Thee koemmt, Kupferstich, anonym, 1631

41 „Die Theegewinnung in China". Farbige Lithographie, ca. 1880

42 Chinesische Träger mit Teekisten. Kupferstich, 1854

43 Teepflanze. Schematische Darstellung

44 Tee-Tester beim Verkosten

45 Kaufmannsladen, Mitte 19. Jhdt. (Weinhaus Wolff, Leer)

46 Zweig eines Teestrauches, Holzstich, 1873

47 Sahnelöffel: Silber. Griffmotiv: Taube. Ende 18. Jhdt. L. 9,8 cm

48 Jan Josef Horemans d. J. (1714 – nach 1790). Der Frühling. Aus einer vierteiligen Folge der Jahreszeiten. Öl auf Leinwand, Mitte 18. Jhdt. 47 x 39,8 cm

49 „Krafft, Eigenschafft und Würckung des edlen Thees", aus: Podagra, Apothecker Tod, Titelblatt u. S. 39-43 (s. Literatur- und Quellenverzeichnis)

50 Jantjemö. „Jantjemoy". Farbige Postkarte, ca. 1900 (J. war ein Symbol für die Langlebigkeit des Ostfriesen und zugleich für die Teewerbung)

(Größenangaben: B. = Breite, H. = Höhe, L. = Länge, T. = Tiefe)

BILDNACHWEIS (laufende Nummern):

Boekhoff & Co., Leer: 29
J. Bünting & Comp., Leer: 5, 41, 44
Heimatmuseum, Leer: 10, 18, 28, 34a
Landesmuseum für Kunst- u. Kulturgeschichte, Oldenburg: 8, 9, 17, 26, 48
Ostfriesisches Landesmuseum, Emden: 47
Ernst Petrich, Aufsätze über ostfriesische Wohnkultur
Federzeichnungen: 30
Privatbesitz: 1, 3, 4, 7, 11-13, 15, 16, 19-25, 27, 31-33, 34b, c, 35-37, 50
C. Schweckendieck: Festschrift zur Eröffnung des neuen Emder Seehafens.
   Berlin 1901: 14
Paul Schrader & Co., Bremen: 40, 49
Verlagsarchiv: 38, 39, 42, 43, 46
J. W. Wolff, Leer: 2, 6, 45

Fotos und Reproduktionen:
Karl-R. Fiebak, Leer. Foto-Brunke, Emden. Landesmuseum für
   Kunst- und Kulturgeschichte, Oldenburg

Literatur- und Quellenverzeichnis

Adrian, Hans G.: Lieben Sie Tee?
Paul Schrader & Co., Bremen 1975

Arends, Fridrich: Ostfriesland und Jever in geographischer, statistischer und besonders landwirtschaftlicher Hinsicht, Bd. 3.
Emden 1820; Nachdruck Verlag Schuster, Leer 1974

Behrends, Berend Heiko: Kleine Teekunde. (Werbeschrift).
Onno Behrends, Norden o. J.

Behrends, Berend Heiko: Die betriebswirtschaftlichen Voraussetzungen zur Markenbildung, dargestellt am Beispiel einer Teemarke.
Dissertation, München 1953

Benesch, Kurt: Süß wie die Liebe. (Über Kaffee).
Verlag Paul Neff, Wien und Berlin 1969

Boden, Rudolf: Berühmte Gäste Norderneys.
Verlag Heinrich Soltau, Norden 1950

Brune, Werner (Hrsg.): Wilhelmshavener Heimatlexikon Bd. II.
Brune Druck u. Verlags-GmbH, Wilhelmshaven o. J. (ca. 1974)

Buch, Das, der Erfindungen, Gewerbe und Industrien, Bd. V.
8. Auflage. Verlagsbuchhandlung Otto Spamer, Leipzig u. Berlin 1891

Bünting, J. & Co. (Hrsg.): Tee-Import. (Aufklärungsschrift für die brit. Militärregierung).
Leer 1946/47

Bünting, J. & Co. (Hrsg.): Teestunde. (Werbeschrift).
Leer o. J.

Burgdorfer Silberwarenfabrik Otto Kropp (Hrsg.): Eala frya Fresena seit 1821. (Werbeschrift).
Burgdorf o. J.

Buurman, Otto: Hochdeutsch-plattdeutsches Wörterbuch auf der Grundlage ostfriesischer Mundart Bd. 1–12.
Karl Wachholtz Verlag, Neumünster 1962–1975

Campen, Johannes: Der Unbekannte reitet gegen den §§-Drachen.
Selbstverlag J. Campen, Norderney o. J. (ca. 1950)

Christophers, Ewald: To'n ersten — to'n tweeden.
Verlag Hug + Co, Wilhelmshaven 1973

Christophorus der Stelzfuß, Kalender für Jedermann. 18. Jg.
Verlag Diedrich Soltau, Norden 1892

Cremer, Ufke: Norden im Wandel der Zeiten.
Verlag Heinrich Soltau, Norden 1955

Crole, David: Tea — a Text-Book of Tea-Planting and Manufacture.
London 1897

Dieken, Jan van: Pflanzen im ostfriesischen Volksglauben und Brauchtum.
(Abhandlungen u. Vorträge z. Geschichte Ostfrieslands Bd. LII)
Verlag Ostfriesische Landschaft, Aurich 1971

Döry, Ludwig von: Fayencen und Porzellan aus hessischen Manufakturen.
Dr. Hans Peters Verlag, Hanau 1964

Dolz, Renate: Porzellan.
Heyne Bücher 4340, Wilhelm Heyne Verlag, München 1969

Dreesen, Arend: Diek langs. Niederdeutsche Gedichte.
G. Grote'sche Verlagsbuchhandlung, Berlin 1927

Dunkmann, Adolf (Hrsg.): Ostfriesisch-plattdeutsches Dichterbuch.
3. Aufl. Aurich 1922; Nachdruck Verlag Schuster, Leer 1975

Eala Frya Fresena. Mitteilungs- und Unterhaltungsblatt für die Mitglieder
des Ostfriesen-Vereins Hannover e. V. Nr. 208, Hannover 1965

Eelking, M. v.: Die Insel und das Seebad Wangeroge.
Verlag Schulze'sche Buchhandlung, Oldenburg 1853

Elster, Peter / Haarnagel, Werner / Wiemann, Harm u. a.: Heimatchronik
des Kreises Leer.
Archiv für deutsche Heimatpflege GmbH, Köln o. J. (ca. 1960)

Erickson, Vincent: Das Teetrinken in Ostfriesland in: Mitt. d. Arbeits-
gruppen d. Ostfries. Landschaft Jg. 5, H. 4, S. 111—114.
Verlag Ostfriesische Landschaft, Aurich 1974

Essen, Trinken und Rauchen in Ostfriesland. (Sonderheft 1 d. Mitt. d.
Arbeitsgruppe Volkskunde u. Brauchtum).
Verlag Ostfriesische Landschaft, Aurich 1976

Frankfurter Allgemeine Zeitung: Blick durch die Wirtschaft, Februar 1973

Gesellschaft für Teewerbung (Hrsg.): Der Tee und der Markt in West-
deutschland.
Hamburg 1974

Goethe, Johann Wolfgang von: Gedenkausgabe der Werke . . . Bd. 23.
(Gespräch mit F. v. Müller).
Artemis Verlag, München 1966

Haddinga, Johann: Über die Ostfriesen.
2. erw. Aufl., Nordwestdeutscher Verlag Ditzen & Co., Bremerhaven 1976

Hahn, Louis: Emdens Apotheken und Apotheker in fünf Jahrhunderten.
(Abhandlungen u. Vorträge z. Geschichte Ostfrieslands Bd. 31).
Verlag Ostfriesische Landschaft, Aurich 1954

Heischkel-Artelt, Edith (Hrsg.): Ernährung und Ernährungslehre im
19. Jahrhundert. (Studien zur Medizingeschichte Bd. 6).
Verlag Vandenhoeck & Ruprecht, Göttingen 1976

Hesse, Eelco, Thee. Uitgeverij Bert Bakker, Den Haag 1973

Hibben, Carl Julius: Ostfriesland wie es denkt und spricht.
Aurich o. J. (1919) m. e. Nachtrag o. J. (1922); Nachdruck Verlag Schuster,
Leer 1974

Hibben, Carl Julius: Staaltjes un Dööntjes up ostfreeß Platt ut olle un neye Kisten.
Verlag A. H. F. Dunkmann, Aurich 1925

Hollweg, Walter: Die Geschichte des älteren Pietismus in den reformierten Gemeinden Ostfrieslands (um 1650—1750).
(Abhandlungen u. Vorträge z. Geschichte Ostfrieslands Bd. LVII)
Verlag Ostfriesische Landschaft, Aurich 1977

Houssaye, J. G.: Monographie du Thé.
Paris 1843

Jahn, Moritz: Gesammelte Werke Bd. II, III.
Verlag Sachse & Pohl (jetzt Verlag August Lax, Hildesheim),
Göttingen 1963 (Bd. II), 1964 (Bd. III)

Jahrbuch d. Gesellschaft f. bildende Kunst u. vaterländische Altertümer zu Emden, Bd. VII, H. 2. Emden 1887

Jedding, Hermann: Europäisches Porzellan Bd. I.
Keysersche Verlagsbuchhandlung, München 1971

Kleinpaul, Johannes: Wanderungen in Ostfriesland.
Berlin o. J. (1909)

Klopp, Onno: Geschichte Ostfrieslands Bd. I/III.
Hannover 1858; Nachdruck Verlag Dr. Martin Sändig oHG,
Niederwalluf 1971

Kobbe, Theodor von: Die Wesernymphe.
Bremen 1831

Kobbe, Theodor von / Cornelius, Wilhelm: Wanderungen an der Nord- und Ostsee.
Leipzig 1841; Nachdruck Olms Presse, Hildesheim - New York 1973

Krolow, Karl: Deutschland, deine Niedersachsen.
Verlag Hoffmann und Campe, Hamburg 1972

Krünitz, Johann Georg: Encyklopädie oder allgemeines System der Staats-, Stadt-, Haus- und Landwirtschaft und der Kunstgeschichte, 182. u. 183. Teil.
Berlin 1844

Lang, Arend: Über die Wohn- und Wasserverhältnisse des Kreises Leer.
Dissertation, Bonn 1936

Lehe, Erich von: Schipp op Scharhörn.
Stadtarchiv Cuxhaven, Cuxhaven 1967

Loets, Bruno: Uns Kea.
Verlag Schuster, 3. erweiterte Ausgabe, Leer 1968

Lüpkes, Anton: Seepenblaasen. Niederdeutsche Gedichte.
Verlag A. Bretzler, Emden o. J. (1973)

Lüpkes, Wiard: Ostfriesische Volkskunde.
2. erw. Auflage Emden 1925; Nachdruck Verlag Schuster, Leer 1972

Maronde, Curt: Rund um den Tee.
Fischer Tb. Nr. 1459, Fischer Taschenbuchverlag GmbH, Frankfurt/M. 1973

Martin, Hansjörg: Teeblättchens große Reise.
Onno Behrends, Norden 1953

Mensing, Otto: Schleswig-Holsteinisches Wörterbuch Bd. V.
Neumünster 1927–1935; Nachdruck Verlag Karl Wachholtz, Neumünster 1973

Möhlmann, Günther (Hrsg.): Ostfriesland.
Burkhard-Verlag, Essen 1961 u. ö.

Morley-Fletcher, Hugo: Porzellan aus Meißen.
Ebeling Verlag, Wiesbaden o. J. (ca. 1975)

Nebel, Gerhard: Hinter dem Walde.
Verlag Hoffmann und Campe, Hamburg 1964

Neue Ostfriesische Mannigfaltigkeiten. (Wochenschrift) 1. Jg.
Aurich 1795

Nicolin, Marianne: Tee für Genießer.
Paul Schrader & Co., Bremen o. J.

Oetker, Dr. (Hrsg.): Warenkunde Lexikon.
Ceres-Verlag, Bielefeld 1969

Ohling, Gerhard: Feriae Auricanae.
Aurich 1933; Nachdruck Verlag Schuster, Leer 1974

Okakura, Kakuzo: Das Buch vom Tee.
Insel Bücherei Nr. 274, Insel Verlag, Frankfurt/M. 1972

Onnen, Johann: Wittmund im Laufe der Jahrhunderte.
Verlag C. L. Mettcker & Söhne, Wittmund/Jever 1968

Ostfreesland – Kalender.
Verlag Heinrich Soltau, Norden, versch. Jgg.

Ostfriesen-Zeitung, Leer (Heimatbeilage „Unser Ostfriesland"), versch. Jgg.

Ostfriesische Nachrichten, Aurich (Heimatbeilage „Heimatkunde und Heimatgeschichte"), versch. Jgg.

Ostfriesische Tageszeitung, Leer.
Jgg. 1943–1945

Ostfriesische Zeitung, Emden, Jg. 1930

Ostfriesischer Hauskalender. („Stoorke").
Verlag D. H. Zopfs & Sohn, Leer, versch. Jgg.

Ostfriesischer Kurier, Norden (Heimatbeilage „Heim und Herd"), versch. Jgg.

Ostfriesland. Zeitschrift für Kultur, Wirtschaft und Verkehr.
Gerhard Rautenberg Verlag, Leer, versch. Jgg.

Park, Sook Hi: Chinesisches Auftragsporzellan der ostasiatischen Handelskompanie in Emden. (Abhandlungen u. Vorträge z. Geschichte Ostfrieslands Bd. 55).
Verlag Ostfriesische Landschaft, Aurich 1973

Perizonius, H. F. W.: Geschichte Ostfrieslands, Bd. 3.
Weener 1869; Nachdruck Verlag Schuster, Leer 1974

Petrich, Ernst: Ostfriesische Wohnkultur.
(Schriften des Vereins f. Heimatschutz u. Heimatgeschichte e. V. Nr. 20),
Leer o. J. (1955)

Pfeifer & Langen (Hrsg.): Über den Kandis (Informationsschrift).
Köln o. J.

Picker, Henry (Hrsg.): Hitlers Tischgespräche im Führerhauptquartier.
3. vollst. überarb. u. erw. Neuausgabe, Seewald Verlag, Stuttgart 1976

Pladies, Harry: Ostfriesland im Zeitalter Napoleons.
Die Leuchtboje H. 19. Verlag D. H. Zopfs & Sohn, Leer o. J. (ca. 1965)

Planner-Petelin, Rose: Grootehus.
Verlag Eugen Salzer, Heilbronn 1968

Podagra, Septimus (Pseud.): Der profitable Apothecker-Tod in dem frembden Kräutlein Thee ... o. O. 1721

Quellen u. Forschungen z. Ostfries. Familien- u. Wappenkunde,
22. Jg. H. 1—2,
Verlag Ostfriesische Landschaft, Aurich 1973

Rack, Eberhard: Landeskunde Ostfriesland.
Hrsg. v. d. Arbeitsgemeinschaft der Sparkassen Ostfrieslands, Norden 1974

Rast, Friedemann / Behrends, Berend Heiko: Zwei Jahrhunderte Steinbömer Tabak.
Norden 1969

Reil, Johann Christian: Diaetetischer Hausarzt für meine Landsleute.
Das erste Buch.
Aurich 1785

Rheiderland, (Heimatbeilage „Deichwart"), Weener, versch. Jgg.

Riedel, Karl Veit (Hrsg.): Moorriem. Landes-, volks- und sachkundliche Darstellung der Entwicklung in einer Großgemeinde.
(Oldenburger Studien Bd. 7). Heinz Holzberg Verlag, Oldenburg 1972

Röbbelen, Friedrich Wilhelm: Drei Jahre aus meinem Leben.
Verlag Schulze'sche Buchhandlung, Oldenburg 1844

Saul, Carl Theodor: Lachendes Ostfriesland.
5. erw. Auflage, Gerhard Rautenberg Verlag, Leer 1975

Schiedlausky, Günther: Tee, Kaffee, Schokolade.
Prestel Verlag, München 1961

Schleinkofer, Otto F.: Der Tee.
Verlag Cram, de Gruyter & Co., Hamburg 1956

Schmidt, Heinrich: Politische Geschichte Ostfrieslands.
(Ostfriesland im Schutze des Deiches Bd. V).
Kommissionsverlag Gerhard Rautenberg, Leer 1975

Schoolmann, Hinrich: De fleitende Nachtwächter.
Verlag A. H. F. Dunkmann, Aurich o. J. (ca. 1970)

Schrader, Erich: Ostfriesland.
Verlag Schwalbe, Emden 1928

Schütze, Johann Friedrich: Holsteinisches Idiotikon.
Hamburg und Altona 1800—1806; Nachdruck Verlag D. u. H. Kötz,
Hamburg 1976

Schweckendieck, C.: Festschrift zur Eröffnung des neuen Emder Seehafens.
Berlin 1901

Short, Thomas: Discourses on Tea, Sugar . . .
London 1750; Nachdruck Zentralantiquariat der DDR, Leipzig 1974

Siebs, Benno Eide: Die Norderneyer.
Norden 1930; Nachdruck Verlag Schuster, Leer 1973

Springer, Jenny: Die Ärztin im Hause.
Dresdner Verlagsbuchhandlung, Dresden 1910

Staatsarchiv Aurich: Die Abbestellung des übermäßigen Thee und Caffe
trinken, Depositum I. Nr. 3129/1778—1779

Stracke, Johannes C.: Arzt und Heilkunst in Ostfriesland.
Kommissionsverlag Ostfriesische Landschaft, Aurich 1959

Stürenburg, Cirk Heinrich: Ostfriesisches Wörterbuch.
Aurich 1857; Nachdruck Verlag Schuster, Leer 1972

Tee. Zur Kulturgeschichte eines Getränks (Ausstellungskatalog).
Altonaer Museum in Hamburg. Hamburg 1977

Teebüro, Deutsches (Hrsg.): Echter Tee.
(Warenkundlicher Schulungsvortrag) o. J.

Tjaden, E. J. H.: Das gelehrte Ostfriesland Bd. I.
Aurich 1785

Uphoff, Bernhard: Ostfriesische Maße und Gewichte I/II.
Quellen z. Geschichte Ostfrieslands Bd. 9.
Verlag Ostfriesische Landschaft, Aurich 1973

Upstalsboom-Blätter f. ostfriesische Geschichte u. Heimatkunde. 1.—13. Jg.
Gesellschaft für bildende Kunst und vaterländische Altertümer,
Emden 1911—1927

de Vries, Gernot: Lamke Pannkook un hör Lü.
Verlag Schuster, Leer 1976

de Vries, J. Fr. / Fokken, Th.: Ostfriesland, Land und Volk in Wort und Bild.
Emden 1881; Nachdruck Verlag Dr. Martin Sändig oHG, Walluf 1972

Weiß, Gustav: Ullstein Porzellanbuch.
Verlag Ullstein GmbH, Berlin/Frankfurt/Wien 1964

Welge, Bilke: Vom Teetrinken in Ostfriesland.
Semesterarbeit PH Göttingen 1961

Wiegelmann, Günter: Alltags- und Festspeisen.
Atlas der deutschen Volkskunde Neue Folge, Beiheft 1.
Verlag N. G. Elwert, Marburg 1967

Wöchentliche Nachrichten für Leer, Weener und Umgegend.
Leer, Jg. 1849

Wörishöffer, Sophie: Onnen Visser, der Schmugglersohn von Norderney.
Erstausgabe Bielefeld und Leipzig 1885; Neudruck Fischer Tb. Nr. 1594,
Fischer Taschenbuchverlag, Frankfurt/M. 1975

Zenker, Dr. Julius Theodor (Übers.): Robert Fortunes Wanderungen in China während der Jahre 1843—1845 nebst dessen Reisen in die Theegegenden China's und Indiens 1848—1851. Aus dem Englischen übersetzt von ...
Dyk'sche Buchhandlung, Leipzig 1854

Zylmann, Peter: Tjark Ulrichs und seine Maaten.
Verlag Heinrich Soltau, Norden 1959

Dank für Mitarbeit

Ich danke allen, die mich durch Mitarbeit, Informationen, Bildmaterial und Anregungen unterstützten:
- der Ostfriesischen Landschaft (Aurich), vor allem Frau Landschaftsrätin Ingrid Buck, Herrn Landschaftsdirektor Dr. Heinz Ramm sowie der Bibliothek
- dem Museumsdorf Cloppenburg (Herrn Museumsdirektor Dr. Ottenjann)
- dem Ostfriesischen Landesmuseum, Emden (Herrn Museumsdirektor Dr. Eichhorn)
- dem Heimatmuseum Leer (Herrn Siefkes)
- dem Heimatmuseum Norden (Herrn Stöver)
- dem Oldenburgischen Landesmuseum, Oldenburg (Frau Dr. Heinemeyer)
- den Teefirmen Onno Behrends (Norden), J. Bünting & Co. (Leer), Paul Schrader (Bremen)
- der Firma Pfeifer & Langen (Köln)
- der Firma Schulte, Frau Appelkamp (Dornum)
- Herrn Horst Arians (Remels)
- Herrn Hans Klinkenborg (Hage-Berum)
- Herrn Dr. Egbert Koolman (Oldenburg)
- Herrn Dr. Arend W. Lang (Juist)
- Herrn Pastor Anton Lüpkes (Aurich)
- Frau Dr. Anneliese Poppinga (Rhöndorf)
- Herrn Fritz Samse (Norden)
- den Familien Scheidt und Lüschen (Remels)
- Herrn Museumsdirektor Gert Schlechtriem (Bremerhaven)
- Frau Greta Schoon (Leer)
- Herrn Pastor Gernot de Vries (Aurich)
- Frau Irmgard Wilhelm (Bederkesa)
- meiner Frau und vielen anderen
- sowie nicht zuletzt dem Verleger, Herrn Theo Schuster (Leer),

ohne dessen aktive Mithilfe das Buch nicht entstanden wäre.

Obwohl ich versucht habe, alles verfügbare Material zusammenzutragen, weiß ich, daß das Thema „Ostfriesischer Tee" unerschöpflich ist. Für eine zweite Auflage bitte ich daher um weitere Hinweise und Ergänzungen an die Verlagsanschrift.

Johann Haddinga

Register

(Es wurden nur die wichtigsten Begriffe und Namen berücksichtigt.)

Aberglauben   104, 116
Adenauer, Konrad   59
Afrika   122, s. a. Kenia, Malawi, Mocambique, Nord-, Ostafrika, Tansania, Uganda
Alkohol   48, s. a. Bier
Altona   34
Amerika(ner), amerikanisch   33, 88, 118, 144, 155
Ammerland   9, 76, 133
Amsterdam   23 f., 44, 136
Apotheke(r)   22, 142
Arends, Fridrich   66, 68
Aromata   146 f.
Aschendorf-Hümmling   9, 133
Assam   118 ff., 122 f., 126, 136
Assamhybride   118
Auftragsporzellan   69
Aurich   9, 15 f., 18, 24, 72, 117, 133, 136

Behrends, Onno   11, 131, 133 f.
Beninga, Eggerik   21
Bentheim   133
Bier   21, 24, 28 f., 34 ff.
Blatt-Tee   116, 123 ff., 153
Böttger, Johann Friedrich   70 f.
Bontekoe, Kornelius   142
Boston Tea-Party   144
Bremen   34, 43 f., 53, 87, 126, 132 f.
Broken-Pekoe   125
Broken-Tee   123 ff., 153
Buddelei   63
Bünting & Comp., J.   11, 131, 133, 137

Calcutta   128 f.
Cassel, Carl Philipp   33
Ceylon   121 ff., 125 f., 132, 136
China, Chinesen, chinesisch   19, 21, 29, 31 ff., 44, 69 ff., 74, 118 ff., 123, 131 f., 136, 138 ff., 144, 155
Christine-Charlotte, Fürstin   23
Cichorie, s. Zichorie
Chlor   52
Cloppenburg   133
Colombo   128
CTC-Verfahren   125

Darjeeling   120, 122 f., 126, 132
Dithmarschen   34, 111, 116
Doofketel   63
Doornkaat AG, D.-Tee   132 f.

173

Doornkaat-Koolman, Jan ten   45f.
Dresmer Teegood (Dresdener Theezeug)   27, 72ff., 140
Dust   123, 125

Emden   11, 13, 15, 18, 21, 23f., 29, 31ff., 35, 53, 55, 89, 91, 131, 133, 136
Emsland   9, 133
England, Engländer, englisch   21, 23, 29, 32, 41, 43, 56, 117, 119, 125, 138, 143, 145, 147, 152f., 155f.

Fannings   123, 125f.
Fayence   74
Fermentierung   123, 125
Flowery (Broken) Orange Pekoe   125
Friedrich der Große   26, 29, 32, 35, 40, 66, 142
Friesland (Ldkr.)   9, 133

Gebäck, s. Teegebäck
Gerbstoff, -säure, s. Tannin
Goethe, Johann Wolfgang   156
Graef, Fritz   72
Greiner   71, 73
Grüner Tee   125, 141

Hamburg   34, 43f., 53, 74, 125f., 131, 133, 147
Hannover   53, 133
Harlingerland   53
Harms, Johann H.   73
Heine, Heinrich   84, 143
Helgoland   34, 42f., 89
Hitler, Adolf   10
Holland, s. Niederlande

Ihrhove   16, 73
Indien, indisch   19, 44, 118ff., 122f., 125f., 129, 138f.
Indonesien   122f., s. a. Java, Sumatra

Japan(er), japanisch   21, 74, 78, 121, 123, 132, 136, 138, 140f., 155
Java   44, 122, 126, 136
Jever   29, 41, 53, 66, 74, 81, 85
Juden   134f.

Kaffee   9f., 15, 22ff., 28ff., 31, 33, 35ff., 40, 43, 45, 48, 65ff., 71, 74, 76, 87, 108, 117, 131, 138, 142, 144f., 150, 152
Kaffee-Ersatz   11, 19, 67
Kandis   10, 18, 24, 43, 53, 57, 66, 75, 86f., 102ff., 108, 113, 136f., 147, 153
Kandiszange   60, 74f.
Karl-Edzard, Fürst   24
Kenia   121f.
Klopp, Onno   27, 40, 66
Kluntje, s. Kandis
Kluntjeknieper   75
Kluntjezange, s. Kandiszange
Knetwaffel   82
Knüppeltorte   80, 83
Köster, Joachim von   74

Koffein   123, 125, 152f.
Kontinentalsperre   41, 43, 89, 131
Kraantje-, Kränchenkanne   76, 145, 147
Kräutertee   12, 117f., 134

Leer   11, 16, 23, 48, 53, 76, 85, 131, 133, 136
London   23, 44
Lu-Yü   140

Malawi   122
Meißen   70f.
Meppen   133
Mirabeau   84
Mischboden, s. Teeboden
Mocambique   122
Mongolen   141, 145

Napoleon Bonaparte   41, 43
Neujahrskuchen   80ff., 114f.
Neuwerk   34
Niederlande, Niederländer, niederländisch   11f., 15, 21ff., 29f., 32f., 41, 43, 69, 74, 76, 84, 141f., 145, 155
Nordafrika   125
Norden   9, 11, 16ff., 24, 26, 33, 46, 48, 53, 55, 67, 77, 111, 131, 133
Norderney   72, 84, 89, 131, 149

Okakura, Kakuzo   141
Oldenburg   9, 29, 53, 76, 88, 133, 147, 149
Oldersum   21
Orange Pekoe   124f.
Osnabrück   133
Ostafrika   121
Ostasiatische Kompanie   29ff., 35, 69
Ostfriesenmuster   75
Ostfriesische Landschaft   69
Ostfriesische Mischung   120f., 126ff., 131f., 136, 155
Ostfriesisches Teegeschirr   73f.
Ostfriesische Tee-Union   131, 133
Ostindien-Gesellschaft   144

Paratyphus   47f., 151
Pekoe   124
Pekoe Dust, — Souchong   125
Penaat, Cornelius   132
Pfeifer & Langen   137
Picker, Henry   10
Pietismus   28
Polo, Marco   141
Porzellan   24, 30ff., 69ff., 77f., 86f., 111
Preußisch-Asiatische Handelskompanie, s. Ostasiatische Kompanie
Pulvertee   140
Puppengeschirr   74

Ramusio, Giambattista   141
Rauenstein   73
Regenbacke, s. Zisterne

Reil, Johann Christian   150f.
Riepe   111
Ri-ki-ju   141
Rotterdam   44
Rudolfsen, Tee-Import   134
Rußland, Russen, russisch   44, 121, 138, 145, 152

Sahne   10, 53ff., 62, 86ff., 106, 108, 110ff., 146, 153
Sahnelöffel   62, 76
Samowar   76, 145
Saterland   9, 66
Schafsmilch   54
Schleswig-Holstein   24, 34, 45, 116, s. a. Dithmarschen
Schmuggel, -ware, Schmuggler   15, 42f., 45, 89
Schneckenkuchen   80, 82
Schortinghuis, Wilhelmus   28
Schrader & Co., Paul   132
Schwarzhändler, -markt   11, 14ff.
Sowjetunion, s. Rußland
Spülkumme, -schale   24, 31, 71, 147
Sri Lanka, s. Ceylon
Steuer, s. Teesteuer
Storm, Theodor   116
Sumatra   126

Taiwan   121
Tannin   152f.
Tansania   122
Tassen   24, 31, 52, 69, 71ff., 74, 76, 86, 88, 93, 105f., 110, 112, 116, 147f.
Tea (Stadt)   155
Tee-Aufbereitung   123f.
Tee-Auktion   128f., 136
Teebesen   78
Teebeutel   118, 134
Teeblätter   109, 116, 122ff., 127, 129f., 138, 145, 150
Teeboden   129, 134
Teebüchse, -dose   24, 27, 74, 78f., 110f., 135
Tee-Ernte   122f.
Tee-Ersatz   12f., 19, 35, 109
Teefälschung   67
Teegebäck   57, 80ff., 114
Teegeschirr   60, 72ff., 76ff., 140
Teegesellschaft   63ff., 84
Teehund   130
Teekanne   24, 27, 31, 51, 62, 65, 71, 76ff., 86, 93, 108, 110f., 116, 145f., 150
Teekarte   9, 11, 14
Teekessel   24, 27, 51, 53, 57, 76, 101, 111, 158
Teekiste   89, 126, 135
Teeklipper   32
Teekomfortje   77
Teekonsum, s. -verbrauch
Teekuchen   80f.
Teelöffel   51, 57f., 60, 74, 76, 93, 147
Teemarke, s. Teekarte
Teemaschine   76, 143

Teepause, s. -zeit
Teepflanze   122
Teepilz   101
Teepunsch   34, 51
Teeschaufel   51, 74, 78
Teesieb   75, 78, 116
Teesteuer   14, 16f., 43, 45f., 91, 144
Teestövchen   10, 77f.
Teetabletten   11, 145
Tee-Tester   127
Teetopf, s. -kanne
Teetrinkerbezirk, -gebiet   9, 132f.
Teeverbrauch   9f., 44f., 48, 117, 133f., 145, 156
Teeverteilung, -zuteilung   10f., 13
Teewerbung, s. Werbung
Teezeit   58ff., 67, 117, 151
Teeziegel, Ziegeltee   140, 145
Teezoll, s. Zoll
Teezubereitung   7, 47, 76, 118, 145
Teezwieback   80f.
Tein, s. Koffein
Tettau   73
Thiele & Freese   132f.
Tschirnhaus(en), Walter Graf v.   70
Türkei   121

Ubbius, Henricus   21
Uganda   121f.
Untertasse   57, 71f., 147

Vanille   147

Wallendorf   72ff.
Wasser   46ff., 51ff., 76, 86, 127, 150, 155f.
Wasser-Härtegrade   53
Wasserkessel, s. Teekessel
Werbung   68, 132ff.
Wesermarsch   133
Wiarda, Tileman Dothias   63, 65
Wilhelmshaven   9, 11, 53, 133
Wittmund   27, 74, 76

Zen   141
Zichorie   36, 66
Ziegeltee, s. Teeziegel
Zisterne   47
Zoll   18, 43, 45, 89ff.

Im August 1965 erschien als erste Publikation unseres Verlages eine Schallplatte von Wilhelmine Siefkes in ostfriesischem Platt: „Tant Remda in Tirol". Diesem erstem Versuch folgten bisher vierzig Sprechplatten deutscher Mundarten und Nebensprachen. Die Reihe „Niederdeutsche Stimmen" wurde zu einer beispielhaften Sammlung.

Neben einer Vielzahl niederdeutscher Autoren und Dialekte dokumentierten wir bisher alemannische, bairische, Frankfurter und niederrheinische Mundart, helgoländisches Friesisch, kanadisch-mennonitisches Plautdietsch und Ostjiddisch.

In den letzten Jahren erweiterten wir unser Programm durch die Herausgabe einer Reihe von Büchern zeitgenössischer niederdeutscher Autoren, u. a. von Heinrich Diers, Krüschan Holschen, Siegfried Kessemeyer, W. A. Kreye, F. H. Schaefer, D. H. Schmidt, Greta Schoon, Wilhelmine Siefkes, Wolfgang Sieg, Gernot de Vries und Christof Wehking.

Werke älterer niederdeutscher Klassiker, z. B. von Robert Dorr, Klaus Groth, Enno Hektor, Fritz Lottmann, F. H. Müller, Karl Theodor Piening und F. G. Sibeth, wurden neu gedruckt.

Weiter geben wir Nachdrucke älterer Ausgaben und neue Arbeiten zur norddeutschen Landes- und Volkskunde, Geschichte und Dialektologie heraus.

Mehr als zweihundert Faksimiles ausgewählter Kupfer-, Stahl- und Holzstiche des 16.–19. Jahrhunderts, von Stadtansichten, Trachten, Land- und Seekarten und von kulturhistorischen und maritimen Darstellungen runden unser Programm ab.

Wir schicken Ihnen gerne Verzeichnisse unserer Bücher und Schallplatten und unterrichten Sie von Zeit zu Zeit über unsere Arbeit.

          VERLAG SCHUSTER D 2950 LEER

Tea Tree.